쉽고 **빠르게** 정리하는

수학 상

9종 교과서 시크릿

차례

I 다항식

01 다항식의 연산   6
02 항등식과 나머지정리   12
03 인수분해   18

II 방정식과 부등식

04 복소수   26
05 이차방정식   32
06 이차방정식과 이차함수   38
07 여러 가지 방정식   44
08 여러 가지 부등식   50

III 도형의 방정식

09 평면좌표   58
10 직선의 방정식   62
11 원의 방정식   68
12 도형의 이동   74

고등수학,
전국 수학 선생님들이 검토한
9교시로 시작하세요.

생생 Review

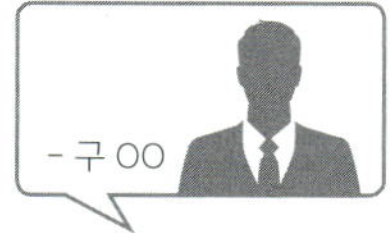

"기존 특강서는 어려운 문제들이 중간중간 들어가 있어서 진도 나가기가 어려웠는데, 9교시는 문제 난이도 흐름이 정선되어서 진도 나가기가 수월할 것 같아요."

"문제의 난이도가 처음 고등 수학을 배우는 학생들에게 적당해서 이해가 잘 될 것 같아요."

"교과서 변형문제가 수록되어서 학생들에게 다양한 교과서 문제 풀이를 시킬 수 있어서 좋아요."

검토위원

이름	지역	이름	지역	이름	지역	이름	지역
강수민	부산	박영선	전남	이동지	부산	정갑성	경북
구본희	대구	박 용	경기	이상일	서울	정 석	광주
구태현	경기	박은옥	대전	이선미	대구	정웅진	경기
김도환	경북	박정수	경북	이 영	경기	조승현	서울
김명기	경기	박종회	경기	이용우	서울	진찬수	서울
김미경	서울	박주엘	전남	이용준	서울	채미진	서울
김민채	경남	방영현	전남	이윤배	서울	채소라	서울
김보흥	울산	서하늘	서울	이정화	부산	최경희	경기
김상근	서울	손영민	경기	이정환	전북	최병희	경기
김상미	경기	손창훈	대구	이정훈	경기	최승환	경기
김상수	경기	안중학	서울	이종진	경기	최원길	경기
김순경	울산	양경실	서울	이종창	경기	최원준	서울
김승호	경기	양구근	서울	이종훈	경기	한성수	전남
김연아	서울	양은진	인천	이찬희	서울	한승엽	서울
김우찬	서울	양재진	서울	이창성	인천	한은선	서울
김인혁	전북	양종선	전북	이화진	경기	한정희	경북
김태우	인천	오성진	광주	임귀선	경북	허경훈	대전
김혜숙	경기	우명식	충남	임정희	울산		
김희찬	서울	윤영진	대전	장석진	경기		
목철수	경기	윤필윤	인천	장정수	충남		
민대식	경남	이강화	전남	장진규	경기		
박미현	인천	이경환	서울	전경수	경기		
박민경	서울	이계형	경기	전구왕	인천		
박상현	경남	이고운	광주	전지호	경기		

| 발행일 | 2022년 8월 15일 초판 3쇄 |
| 지은이 | 이홍섭 |

사업 총괄	안해선
사업 책임	황은정
마케팅 책임	권가민, 정성훈
제작/유통 책임	조경수, 이미혜, 이건호
콘텐츠 개발 총괄	한소영
콘텐츠 개발 책임	오영석, 김경숙, 모규리, 송우제, 이완성, 전문균
디자인	손수영

펴낸이	고사무열
펴낸곳	(주)개념원리
등록번호	제 22-2381호
주소	서울시 강남구 테헤란로 8길 37(한동빌딩) 7층 개념원리 06239
고객센터	1644-1248

▌되짚어 보기 & 도입학습

대단원 도입에 필요한 선수 학습 문제를 제시하였고 이 대단원에서 학습하게 될 내용과 관련된 이전에 배운 내용, 이후에 배울 내용을 연계하여 나타내었습니다.

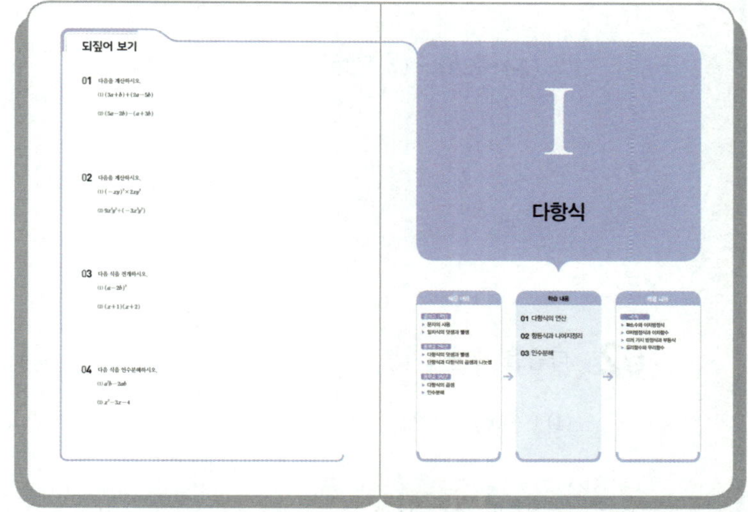

▌교과서 핵심 개념 정리

교과서에서 다루는 핵심 개념만을 모아 알차고 이해하기 쉽게 정리하였습니다.

개념 플러스 개념 이해나 문제 해결에 유용한 내용 등을 제공하였습니다.

▌교과서 유형 흐름잡기

반드시 풀어야 할 교과서 핵심 유형의 대표 문제와 숫자, 표현을 유사하게 바꾼 문제를 제시하여 핵심 유형을 확실히 익힐 수 있도록 하였습니다. 또, 문제 해결에 필요한 내용을 Point, Tip 으로 제시하였습니다.

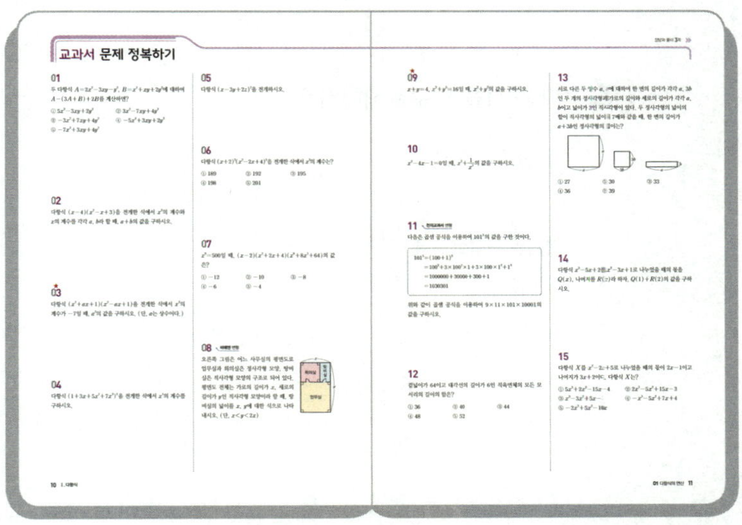

▌교과서 문제 정복하기

교과서 핵심 유형을 제대로 이해할 수 있는 문제가 제시되어 있어 앞에서 배운 핵심 개념과 핵심 유형을 완벽히 이해하였는지 체크할 수 있습니다.

9종 교과서 변형 문제 15개정 교육과정에 합격한 9종 교과서를 완벽히 분석하여 변형 문제를 제시하였습니다.

되짚어 보기

01 다음을 계산하시오.

  (1) $(3a+b)+(2a-5b)$

  (2) $(5a-2b)-(a+3b)$

02 다음을 계산하시오.

  (1) $(-xy)^2 \times 2xy^2$

  (2) $9x^4y^5 \div (-3x^3y^2)$

03 다음 식을 전개하시오.

  (1) $(a-2b)^2$

  (2) $(x+1)(x+2)$

04 다음 식을 인수분해하시오.

  (1) a^2b-2ab

  (2) x^2-3x-4

I

다항식

배운 내용

중학교 1학년
▶ 문자의 사용
▶ 일차식의 덧셈과 뺄셈

중학교 2학년
▶ 다항식의 덧셈과 뺄셈
▶ 단항식과 다항식의 곱셈과 나눗셈

중학교 3학년
▶ 다항식의 곱셈
▶ 인수분해

학습 내용

01 다항식의 연산

02 항등식과 나머지정리

03 인수분해

배울 내용

수학
▶ 복소수와 이차방정식
▶ 이차방정식과 이차함수
▶ 여러 가지 방정식과 부등식
▶ 유리함수와 무리함수

01 다항식의 연산

01·1 다항식의 덧셈과 뺄셈

(1) **다항식의 덧셈**: 각 항을 동류항끼리 모아서 계산한다.
(2) **다항식의 뺄셈**: 빼는 식의 각 항의 부호를 바꾸어서 더한다.

01·2 다항식의 곱셈

(1) 다항식의 곱셈은 분배법칙을 이용하여 식을 전개한 다음 동류항끼리 모아서 정리한다.
(2) **곱셈 공식**

① $(a+b)^2=a^2+2ab+b^2$, $(a-b)^2=a^2-2ab+b^2$

② $(a+b)(a-b)=a^2-b^2$

③ $(x+a)(x+b)=x^2+(a+b)x+ab$

④ $(ax+b)(cx+d)=acx^2+(ad+bc)x+bd$

⑤ $(a+b+c)^2=a^2+b^2+c^2+2ab+2bc+2ca$

⑥ $(a+b)^3=a^3+3a^2b+3ab^2+b^3$, $(a-b)^3=a^3-3a^2b+3ab^2-b^3$

⑦ $(a+b)(a^2-ab+b^2)=a^3+b^3$, $(a-b)(a^2+ab+b^2)=a^3-b^3$

⑧ $(x+a)(x+b)(x+c)=x^3+(a+b+c)x^2+(ab+bc+ca)x+abc$
$(x-a)(x-b)(x-c)=x^3-(a+b+c)x^2+(ab+bc+ca)x-abc$

⑨ $(a+b+c)(a^2+b^2+c^2-ab-bc-ca)=a^3+b^3+c^3-3abc$

⑩ $(a^2+ab+b^2)(a^2-ab+b^2)=a^4+a^2b^2+b^4$

01·3 다항식의 나눗셈

(1) 다항식의 나눗셈은 각 다항식을 내림차순으로 정리한 다음 자연수의 나눗셈과 같은 방법으로 계산한다.
(2) 다항식 A를 다항식 $B(B\neq0)$로 나누었을 때의 몫을 Q, 나머지를 R라 하면
$$A=BQ+R \ (단,\ R의\ 차수는\ B의\ 차수보다\ 낮다.)$$
특히, $R=0$, 즉 $A=BQ$일 때, 'A는 B로 나누어떨어진다.'고 한다.

ex

$$
\begin{array}{r}
3x+1 \quad \leftarrow 몫 \\
x+2 \overline{)\ 3x^2+7x+4} \\
\underline{3x^2+6x} \\
x+4 \\
\underline{x+2} \\
2 \quad \leftarrow 나머지
\end{array}
$$

$\Rightarrow 3x^2+7x+4=(x+2)(3x+1)+2$

교과서 유형 흐름잡기

두 다항식 $A=x^2-3xy+4y^2$, $B=-2x^2+5xy-3y^2$에 대하여 $3(2A+3B)-4(A+2B)$를 계산하면?

① $x^2-2xy+3y^2$ 　　② $x^2-xy+5y^2$ 　　③ $-xy+5y^2$

④ $-2xy+3y^2$ 　　⑤ $-4xy+5y^2$

Point 다항식의 각 항을 동류항끼리 모아서 정리한다.

1-1 　숫자

두 다항식 $A=x^2-4xy-3y^2$, $B=3x^2+xy-2y^2$에 대하여 $2(A+2B)-3(A+B)$를 계산하시오.

1-2 　표현

두 다항식 $A=3x^2-x+2$, $B=x^2+5x+3$에 대하여 $2A-3(X-3B)=5A+3B$를 만족시키는 다항식 X는?

① $4x^2+4x+5$ 　　② $2x^2+10x+6$

③ x^2-6x-1 　　④ $-x^2+11x+4$

⑤ $-3x^2+x-2$

다항식 $(x^2+x+2)(x^2-3x-1)$을 전개한 식에서 x^3의 계수는?

① -2 　　② -1 　　③ 0

④ 1 　　⑤ 2

Tip 분배법칙을 이용하여 필요한 항이 나오도록 각 다항식에서 하나씩 선택하여 곱한다.

2-1 　숫자

다항식 $(x^2+2x-1)(x^2-3x+4)$를 전개한 식에서 x^2의 계수를 구하시오.

2-2 　표현

다항식 $(x^2+3x+a)(x^2+2ax-2)$를 전개한 식에서 x^2의 계수가 5일 때, 상수 a의 값을 구하시오.

다항식 $(2x-1)^3-(2x+1)(4x^2-2x+1)$을 간단히 하면?

① $-12x^2+6x-2$ ② $-8x^2+12x$ ③ $12x^2-6x$

④ $-8x^3+6x-2$ ⑤ $8x^3-12x^2+2x$

Tip 분배법칙을 이용하여 전개할 수도 있지만 가능하다면 곱셈 공식을 이용하는 것이 훨씬 빠르게 전개할 수 있다.

3-1 숫자

다항식
$$(a+2b)(a^2-2ab+4b^2)+(a-2b)(a^2+2ab+4b^2)$$
을 간단히 하시오.

3-2 표현

다항식 $(x^2+2x+3)^2$을 전개한 식에서 x^3의 계수는?

① -4 ② -2 ③ 0

④ 2 ⑤ 4

다항식 $(x-y)(x^2+xy+y^2)(x^6+x^3y^3+y^6)$을 전개하면?

① x^6-y^6 ② x^6+y^6 ③ x^9-y^9

④ x^9+y^9 ⑤ $x^{12}-y^{12}$

Tip 곱셈 공식을 이용 가능한 부분부터 순차적으로 이용하여 전개한다.

4-1 숫자

다항식 $(x+y)^3(x^2-xy+y^2)^3$을 전개하시오.

4-2 표현

다항식 $(\sqrt{a}-\sqrt{b})(\sqrt{a}+\sqrt{b})(a+b)(a^2+b^2)$을 전개하면?

① a^2-b^2 ② a^2+b^2 ③ a^4-b^4

④ a^4+b^4 ⑤ a^8-b^8

⭐ 유형 **5** | 곱셈 공식의 변형

$x+y=3$, $x^2+y^2=7$일 때, x^3+y^3의 값은?

① 12 ② 14 ③ 16
④ 18 ⑤ 20

Tip x^3+y^3의 값을 구할 때는 $x+y$, xy의 값을 이용할 수 있도록 식을 변형한다.

5-1 [숫자]

$x-y=5$, $x^2+y^2=13$일 때, x^3-y^3의 값을 구하시오.

5-2 [표현]

$x^2-2x-1=0$일 때, $x^3-\dfrac{1}{x^3}$의 값을 구하시오.

유형 **6** | 다항식의 나눗셈

다항식 $3x^3-7x^2+4x+1$을 x^2-3x+4로 나누었을 때의 몫을 $Q(x)$, 나머지를 $R(x)$라 할 때, $Q(x)+R(x)$는?

① $x-6$ ② $x-5$ ③ $x-4$
④ $x+4$ ⑤ $x+5$

Point 다항식을 내림차순으로 정리한 후 계수가 0인 항은 비워두고 자연수의 나눗셈과 같은 방법으로 계산한다.

6-1 [숫자]

다항식 $2x^3+5x^2-3x+6$을 x^2+2x+3으로 나누었을 때의 몫을 $Q(x)$, 나머지를 $R(x)$라 할 때, $Q(x)+R(x)$를 구하시오.

6-2 [표현]

다항식 x^3-7x^2+5x+3을 다항식 A로 나누었을 때의 몫이 x^2-5x-5이고, 나머지가 -7일 때, 다항식 A를 구하시오.

01

두 다항식 $A=2x^2-3xy-y^2$, $B=x^2+xy+2y^2$에 대하여 $A-(3A+B)+2B$를 계산하면?

① $5x^2-3xy+2y^2$ ② $3x^2-7xy+4y^2$

③ $-3x^2+7xy+4y^2$ ④ $-5x^2+3xy+2y^2$

⑤ $-7x^2+3xy+4y^2$

02

다항식 $(x-4)(x^2-x+3)$을 전개한 식에서 x^2의 계수와 x의 계수를 각각 a, b라 할 때, $a+b$의 값을 구하시오.

★ 03

다항식 $(x^2+ax+1)(x^2-ax+1)$을 전개한 식에서 x^2의 계수가 -7일 때, a^2의 값을 구하시오. (단, a는 상수이다.)

04

다항식 $(1+3x+5x^2+7x^3)^2$을 전개한 식에서 x^4의 계수를 구하시오.

05

다항식 $(x-3y+2z)^2$을 전개하시오.

06

다항식 $(x+2)^3(x^2-2x+4)^3$을 전개한 식에서 x^3의 계수는?

① 189 ② 192 ③ 195

④ 198 ⑤ 201

07

$x^9=500$일 때, $(x-2)(x^2+2x+4)(x^6+8x^3+64)$의 값은?

① -12 ② -10 ③ -8

④ -6 ⑤ -4

08 미래엔 변형

오른쪽 그림은 어느 사무실의 평면도로 업무실과 회의실은 정사각형 모양, 탕비실은 직사각형 모양의 구조로 되어 있다. 평면도 전체는 가로의 길이가 x, 세로의 길이가 y인 직사각형 모양이라 할 때, 탕비실의 넓이를 x, y에 대한 식으로 나타내시오. (단, $x<y<2x$)

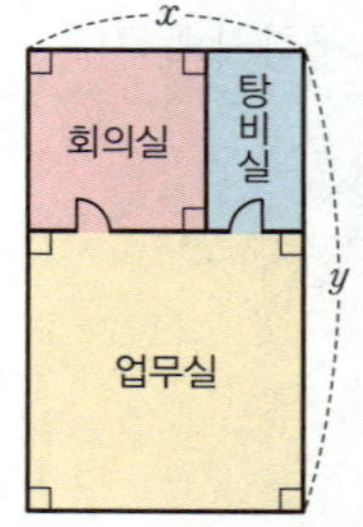

★09

$x+y=4$, $x^3+y^3=16$일 때, x^2+y^2의 값을 구하시오.

10

$x^2-4x-1=0$일 때, $x^2+\dfrac{1}{x^2}$의 값을 구하시오.

11   천재교과서 변형

다음은 곱셈 공식을 이용하여 101^3의 값을 구한 것이다.

$$101^3=(100+1)^3$$
$$=100^3+3\times100^2\times1+3\times100\times1^2+1^3$$
$$=1000000+30000+300+1$$
$$=1030301$$

위와 같이 곱셈 공식을 이용하여 $9\times11\times101\times10001$의 값을 구하시오.

12

겉넓이가 64이고 대각선의 길이가 6인 직육면체의 모든 모서리의 길이의 합은?

① 36   ② 40   ③ 44
④ 48   ⑤ 52

13

서로 다른 두 양수 a, b에 대하여 한 변의 길이가 각각 a, $3b$인 두 개의 정사각형과 가로의 길이와 세로의 길이가 각각 a, b이고 넓이가 3인 직사각형이 있다. 두 정사각형의 넓이의 합이 직사각형의 넓이의 7배와 같을 때, 한 변의 길이가 $a+3b$인 정사각형의 넓이는?

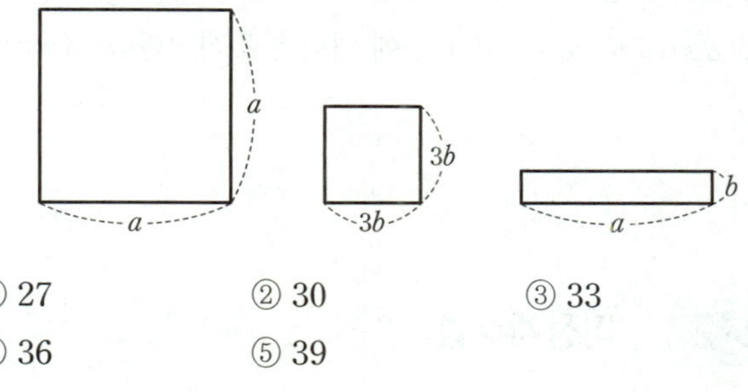

① 27   ② 30   ③ 33
④ 36   ⑤ 39

14

다항식 x^3-5x+2를 x^2-3x+1로 나누었을 때의 몫을 $Q(x)$, 나머지를 $R(x)$라 하자. $Q(1)+R(2)$의 값을 구하시오.

15

다항식 X를 x^2-2x+5로 나누었을 때의 몫이 $2x-1$이고 나머지가 $3x+2$이다. 다항식 X는?

① $5x^3+2x^2-15x-4$ ② $2x^3-5x^2+15x-3$
③ x^3-3x^2+5x-1 ④ $-x^3-5x^2+7x+4$
⑤ $-2x^3+5x^2-10x$

02 항등식과 나머지정리

02·1 항등식

(1) **항등식**
등식에 포함된 문자에 어떤 값을 대입하여도 항상 성립하는 등식

(2) **항등식의 성질**
① $ax^2+bx+c=0$이 x에 대한 항등식이면 $a=0$, $b=0$, $c=0$이다.
② $ax^2+bx+c=a'x^2+b'x+c'$이 x에 대한 항등식이면 $a=a'$, $b=b'$, $c=c'$이다.
③ $ax+by+c=0$이 x, y에 대한 항등식이면 $a=0$, $b=0$, $c=0$이다.

02·2 미정계수법

(1) **미정계수법**
항등식의 성질을 이용하여 주어진 등식에서 미지의 계수를 정하는 방법

(2) **항등식의 미정계수를 구하는 방법**
① 계수비교법: 등식의 양변에서 동류항의 계수를 비교하여 미정계수를 구하는 방법
② 수치대입법: 등식의 문자에 적당한 수를 대입하여 미정계수를 구하는 방법

02·3 나머지정리

(1) **나머지정리**
다항식 $P(x)$를 일차식 $x-a$로 나누었을 때의 나머지를 R라 하면
$$R=P(a)$$

(2) **인수정리**
다항식 $P(x)$에 대하여
① $P(a)=0$이면 $P(x)$가 $x-a$로 나누어떨어진다.
② $P(x)$가 $x-a$로 나누어떨어지면 $P(a)=0$이다.

(3) **조립제법**
다항식을 일차식으로 나눌 때, 계수만을 사용하여 몫과 나머지를 구하는 방법

ex 다항식 $2x^3-3x^2+4x-5$를 일차식 $x-2$로 나눌 때, 오른쪽과 같이 조립제법을 이용하면 몫은 $2x^2+x+6$, 나머지는 7임을 알 수 있다.

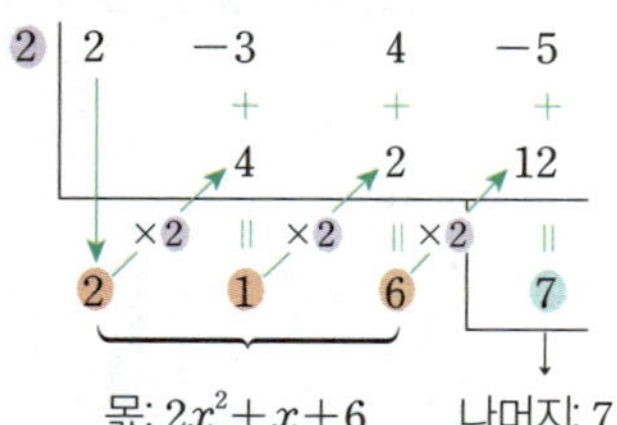

---

x에 대한 항등식의 여러 가지 표현법
① 모든 x에 대하여 성립하는 등식
② 임의의 x에 대하여 성립하는 등식
③ x의 값에 관계없이 항상 성립하는 등식
④ 어떤 x의 값에 대하여도 항상 성립하는 등식

미정계수를 구할 때,
① 전개하기 쉬운 항등식 ⇨ 계수비교법
② 식에 대입할 수를 구하기 쉬운 항등식 ⇨ 수치대입법

다항식 $P(x)$를 일차식 $ax-b$로 나누었을 때의 나머지는 $P\left(\dfrac{b}{a}\right)$이다. (단, a, b는 상수이다.)

다음은 모두 다항식 $P(x)$가 $x-a$로 나누어떨어짐을 나타낸다.
① $P(x)$를 $x-a$로 나누었을 때의 나머지가 0이다.
② $P(a)=0$
③ $P(x)$가 $x-a$를 인수로 갖는다.

교과서 유형 흐름잡기

★ 유형 **1** | 미정계수법 – 계수비교법

모든 실수 x에 대하여 등식
$$a(2x-1)+b(3x+1)=x-3$$
이 성립할 때, $a+b$의 값은? (단, a, b는 상수이다.)

① -2　　　　② -1　　　　③ 0
④ 1　　　　⑤ 2

Tip 양변을 내림차순으로 정리하기 쉽거나 식이 간단하여 전개하기 쉬운 경우에 계수비교법을 이용한다.

1-1 [숫자]

모든 실수 x에 대하여 등식
$$a(3x+2)-b(2x-1)=4x+5$$
가 성립할 때, ab의 값을 구하시오. (단, a, b는 상수이다.)

1-2 [표현]

등식 $a(x-2y)+b(2x+y)=3x+4y$가 x, y에 대한 항등식일 때, $b-a$의 값을 구하시오. (단, a, b는 상수이다.)

★ 유형 **2** | 미정계수법 – 수치대입법

등식 $a(x-1)(x+1)+b(x-1)+c=3x^2-x+6$이 x에 대한 항등식일 때, $a+b+c$의 값은? (단, a, b, c는 상수이다.)

① 6　　　　② 7　　　　③ 8
④ 9　　　　⑤ 10

Tip 적당한 값을 대입하면 식이 간단해지거나 식이 길고 복잡하여 전개하기 어려운 경우에 수치대입법을 이용한다.

2-1 [숫자]

등식
$$ax(x-1)+b(x-1)(x+1)+cx(x+1)=x^2-2x-9$$
가 x에 대한 항등식일 때, $\dfrac{bc}{a}$의 값을 구하시오.

(단, a, b, c는 상수이다.)

2-2 [표현]

등식
$$3x^2-5x+4=ax(x+1)+bx(x-1)+c(x-1)(x-2)$$
가 x의 값에 관계없이 항상 성립할 때, $a-b-c$의 값은?

(단, a, b, c는 상수이다.)

① -5　　　　② -3　　　　③ -1
④ 1　　　　⑤ 3

다항식 x^3+ax+b를 x^2-x-1로 나누었을 때의 나머지가 $3x-2$일 때, $a+b$의 값은?
(단, a, b는 상수이다.)

① -2 ② -1 ③ 0
④ 1 ⑤ 2

Point 다항식 $A(x)$를 다항식 $B(x)$ $(B(x)\neq0)$로 나누었을 때의 몫을 $Q(x)$, 나머지를 $R(x)$라 하면
$$A(x)=B(x)Q(x)+R(x)$$
가 성립하고, 이 식은 x에 대한 항등식이다.

3-1 〔숫자〕

다항식 x^3-2x^2+ax+b를 x^2-x+2로 나누었을 때의 나머지가 $2x-1$일 때, ab의 값을 구하시오.
(단, a, b는 상수이다.)

3-2 〔표현〕

다항식 x^3-x^2+3x+a가 x^2-2x+b로 나누어떨어질 때, 상수 a, b에 대하여 $a+b$의 값을 구하시오.

다항식 x^3-5x^2+ax+b를 $x+1$로 나누었을 때의 나머지가 2이고, $x-1$로 나누었을 때의 나머지가 6일 때, 상수 a, b에 대하여 a^2+b^2의 값은?

① 78 ② 79 ③ 80
④ 81 ⑤ 82

Point 다항식 $P(x)$를 일차식 $x-\alpha$로 나누었을 때의 나머지는 $P(\alpha)$이다.

4-1 〔숫자〕

다항식 x^3-3x^2+ax+b를 $x-1$로 나누었을 때의 나머지가 3이고, $x-2$로 나누었을 때의 나머지가 2일 때, 상수 a, b에 대하여 ab의 값을 구하시오.

4-2 〔표현〕

다항식 $P(x)$를 $(x+2)(x-4)$로 나누었을 때의 나머지가 $3x+4$일 때, 다항식 $P(x)$를 $x-4$로 나누었을 때의 나머지는?

① 10 ② 12 ③ 14
④ 16 ⑤ 18

유형 5 | 인수정리

다항식 $x^3+ax^2+bx-12$가 $(x+3)(x-2)$로 나누어떨어질 때, $a+b$의 값은?
(단, a, b는 상수이다.)

① -2 ② -1 ③ 0
④ 1 ⑤ 2

Tip 다항식 $P(x)$가 $(x-\alpha)(x-\beta)$로 나누어떨어지면 $P(\alpha)=0$, $P(\beta)=0$임을 이용한다.

5-1 숫자

다항식 x^3+ax^2+bx-6이 $(x+2)(x-1)$로 나누어떨어질 때, $a-b$의 값을 구하시오. (단, a, b는 상수이다.)

5-2 표현

다항식 x^3+ax^2-6x+b가 $x-1$, $x-4$를 인수로 가질 때, ab의 값을 구하시오. (단, a, b는 상수이다.)

유형 6 | 조립제법

다항식 x^3+3x^2-4x+7을 $x-2$로 나누었을 때의 몫과 나머지를 조립제법을 이용하여 구하면?

① 몫: x^2-4x+5, 나머지: 17 ② 몫: x^2+4x+5, 나머지: 19
③ 몫: x^2-5x+6, 나머지: 17 ④ 몫: x^2+5x+6, 나머지: 19
⑤ 몫: x^2-7x+8, 나머지: 21

Tip 다항식을 일차식으로 나누었을 때의 몫과 나머지는 직접 나누지 않고 조립제법을 이용하여 쉽게 구할 수 있다.

6-1 숫자

다항식 x^3-2x^2+5x+3을 $x-1$로 나누었을 때의 몫과 나머지를 조립제법을 이용하여 구하시오.

6-2 표현

다항식 $2x^3-3x^2+3x+1$을 $2x-1$로 나누었을 때의 몫과 나머지를 조립제법을 이용하여 구하시오.

01

모든 실수 x에 대하여 등식
$$(ax-2)(x-3)=3x^2+bx+c$$
가 성립할 때, 상수 a, b, c에 대하여 $a+b+c$의 값은?

① -2 ② 4 ③ 10
④ 16 ⑤ 20

02

등식
$$a(2x-y)+b(x+y)-1=-x+5y+c$$
가 x, y에 대한 항등식일 때, 상수 a, b, c에 대하여 abc의 값을 구하시오.

03

모든 실수 x에 대하여 등식
$$a(x-3)+b(x+5)=x+1$$
이 성립할 때, 상수 a, b에 대하여 $a+b$의 값은?

① -1 ② $-\dfrac{1}{2}$ ③ 0
④ $\dfrac{1}{2}$ ⑤ 1

★ 04

등식
$$2x^2-3x=ax(x-1)+b(x-1)(x-2)+c(x-2)(x-3)$$
이 x의 값에 관계없이 항상 성립할 때, $a-b-c$의 값을 구하시오. (단, a, b, c는 상수이다.)

05

다항식 x^3+ax^2+b를 x^2-x-3으로 나누었을 때의 나머지가 $2x+1$일 때, 상수 a, b에 대하여 ab의 값은?

① -10 ② -8 ③ -6
④ -4 ⑤ -2

06

다항식 x^4-3x^2+2를 x^2-a로 나누었을 때의 나머지가 12일 때, 자연수 a의 값을 구하시오.

07

다항식 x^3-2x^2+ax+2를 $x-1$로 나누었을 때의 나머지와 $x+1$로 나누었을 때의 나머지가 같을 때, 상수 a의 값을 구하시오.

08

두 다항식
$$P(x)=x^3-3x^2+6x+a,\ Q(x)=x^3+3x^2+bx-1$$
을 $x-1$로 나누었을 때의 나머지가 같을 때, $a-b$의 값은?
(단, a, b는 상수이다.)

① -1 ② -2 ③ -3
④ -4 ⑤ -5

09 금성출판사 변형

어느 커피회사에서 한 달간 진행하는 어플리케이션 이벤트 비용이 x만 원일 때, 이 이벤트로 인한 추가 매출액 $P(x)$는

$$P(x)=\frac{1}{10^2}\times(-x^3+400x)+50\,(만\ 원)$$

이다. $P(x)$를 $x-10$으로 나누었을 때의 나머지 R를 구하시오. (단, $0\le x\le20$)

10

다항식 x^3-2x^2+ax-3이 $x-1$을 인수로 가질 때, 상수 a의 값을 구하시오.

★ 11

다항식 $x^4+x^3-6x^2+ax+b$는 $x+1$로 나누어떨어지고, $x-1$로 나누었을 때의 나머지가 -2이다. 상수 a, b에 대하여 ab의 값을 구하시오.

12

다항식 x^3+ax^2+bx+3이 $(x-1)(x+3)$으로 나누어떨어질 때, $a-b$의 값은? (단, a, b는 상수이다.)

① 10 　　② 8 　　③ 6
④ 4 　　⑤ 2

13

다음은 조립제법을 이용하여 다항식 x^3-4x^2+6x-8을 $x-3$으로 나누었을 때의 몫과 나머지를 구하는 과정을 나타낸 것이다.

3	1	-4	6	-8
	1	a	b	c

위의 과정에 들어갈 상수 a, b, c에 대하여 $a+b+c$의 값은?

① 2 　　② 3 　　③ 4
④ 5 　　⑤ 6

14 미래엔 변형

전력은 단위 시간당 소비되는 전기 에너지로

$$(전력)=(전압)\times(전류)$$

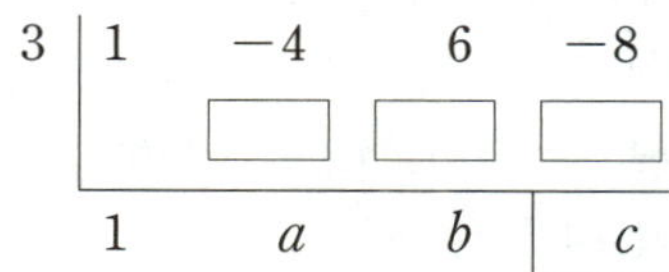

와 같이 계산한다. 어느 전자제품에서 시각 t인 순간의 전력이 $P(t)=t^3+8t^2+21t+20$이고 전류는 $I(t)=t+4$일 때, 전압 $V(t)$를 구하시오.

15

다항식 $4x^3-3x-2$를 $2x+1$로 나누었을 때의 몫과 나머지를 조립제법을 이용하여 구하시오.

03 인수분해

03·1 인수분해

(1) 인수분해

하나의 다항식을 두 개 이상의 다항식의 곱으로 나타내는 것을 인수분해라 하고, 곱을 이루는 각각의 다항식을 인수라 한다.

(2) 인수분해 공식

① $a^2+2ab+b^2=(a+b)^2$, $a^2-2ab+b^2=(a-b)^2$

② $a^2-b^2=(a+b)(a-b)$

③ $x^2+(a+b)x+ab=(x+a)(x+b)$

④ $acx^2+(ad+bc)x+bd=(ax+b)(cx+d)$

⑤ $a^2+b^2+c^2+2ab+2bc+2ca=(a+b+c)^2$

⑥ $a^3+3a^2b+3ab^2+b^3=(a+b)^3$, $a^3-3a^2b+3ab^2-b^3=(a-b)^3$

⑦ $a^3+b^3=(a+b)(a^2-ab+b^2)$, $a^3-b^3=(a-b)(a^2+ab+b^2)$

⑧ $a^4+a^2b^2+b^4=(a^2+ab+b^2)(a^2-ab+b^2)$

⑨ $a^3+b^3+c^3-3abc=(a+b+c)(a^2+b^2+c^2-ab-bc-ca)$

$$=\frac{1}{2}(a+b+c)\{(a-b)^2+(b-c)^2+(c-a)^2\}$$

03·2 복잡한 식의 인수분해

(1) 공통부분이 있는 다항식의 인수분해

① 공통부분을 치환하여 인수분해한다.

② ( )( )( )( ) 꼴의 식인 경우 두 개씩 짝지어 전개한 후 공통부분을 치환하여 인수분해한다.

(2) x^4+ax^2+b 꼴의 다항식의 인수분해

① $x^2=X$로 치환하여 X^2+aX+b를 인수분해한다.

② $x^2=X$로 치환해도 인수분해가 되지 않을 때는 적당한 식을 더하거나 빼서 A^2-B^2 꼴로 변형하여 인수분해한다.

(3) 여러 개의 문자를 포함한 다항식의 인수분해

차수가 가장 낮은 문자에 대하여 내림차순으로 정리한 후 인수분해한다.

(4) 인수정리를 이용한 다항식의 인수분해

삼차 이상의 다항식 $P(x)$가 일차식의 인수를 갖는 경우에는 다음 순서에 따라 인수분해한다.

(ⅰ) $P(\alpha)=0$을 만족시키는 α의 값을 구한다.

(ⅱ) 조립제법을 이용하여 $P(x)$를 $x-\alpha$로 나누었을 때의 몫 $Q(x)$를 구한다.

(ⅲ) $P(x)=(x-\alpha)Q(x)$ 꼴로 인수분해한 후 $Q(x)$가 더 이상 인수분해되지 않을 때까지 인수분해한다.

ex $P(x)=x^3-5x^2+7x-3$에서 $P(1)=0$이므로

$P(x)=(x-1)(x^2-4x+3)$

$\quad\quad=(x-1)^2(x-3)$

1	1	-5	7	-3
		1	-4	3
	1	-4	3	0

교과서 유형 흐름잡기

유형 1 | 이차식의 인수분해

다항식 $x^2-(3y+1)x+(y+2)(2y-1)$을 인수분해하면 $(x+ay+b)(x+cy+1)$이다. 상수 a, b, c에 대하여 $a+b+c$의 값은?

① -5 ② -4 ③ -3
④ -2 ⑤ -1

Point $x^2-(a+b)x+ab$
$=(x-a)(x-b)$
임을 이용하여 인수분해한다.

1-1 [숫자]

다항식 $x^2-(y-5)x-(2y+1)(3y-4)$를 인수분해하시오.

1-2 [표현]

다항식 $3x^2+(y-8)x-2y^2+7y-3$을 인수분해하시오.

유형 2 | 인수분해 공식

다항식 $4x^2+9y^2+25+12xy-30y-20x$를 인수분해하면 $(2x+ay+b)^2$이다. 상수 a, b에 대하여 $a-b$의 값은?

① 8 ② 6 ③ 4
④ 2 ⑤ 0

Tip 인수분해 공식을 바로 이용할 수 없는 경우에는 공식을 이용할 수 있도록 식을 적당히 변형한다.

2-1 [숫자]

다항식 $27x^3-54x^2y+36xy^2-8y^3$을 인수분해하시오.

2-2 [표현]

다항식 $a^4+9a^2b^2+81b^4$을 인수분해하시오.

다항식 $(x^2+2x)(x^2+2x-11)+24$를 인수분해하면 $(x+4)(x+a)(x+b)(x+c)$일 때, $a^2+b^2+c^2$의 값은? (단, a, b, c는 상수이다.)

① 11 ② 12 ③ 13 ④ 14 ⑤ 15

Point 공통부분이 있으면 공통부분을 치환하여 인수분해하고, ( )( )( )( ) 꼴은 공통부분이 생기도록 짝을 지어 전개한 후 공통부분을 치환하여 인수분해한다.

3-1 (숫자)

다항식 $(x^2-3x)(x^2-3x-2)-8$을 인수분해하시오.

3-2 (표현)

다항식 $(x+2)(x+1)(x-4)(x-5)+8$을 인수분해하면 $(x^2+ax+b)(x^2+ax+c)$일 때, $a+b+c$의 값을 구하시오. (단, a, b, c는 상수이다.)

다항식 x^4-5x^2+4를 인수분해하면 $(x+1)(x+a)(x+b)(x+c)$일 때, $a^2+b^2+c^2$의 값은? (단, a, b, c는 상수이다.)

① 6 ② 7 ③ 8 ④ 9 ⑤ 10

Tip $x^2=X$로 치환하여 인수분해한다.

4-1 (숫자)

다항식 x^4-10x^2+9를 인수분해하시오.

4-2 (표현)

다항식 $x^4-13x^2y^2+36y^4$을 인수분해하면 $(x+2y)(x+ay)(x+by)(x+cy)$일 때, 상수 a, b, c에 대하여 $\dfrac{ab}{c}$의 값은? (단, $a>b>c$)

① -2 ② -1 ③ 1 ④ 2 ⑤ 4

유형 5 | 여러 개의 문자를 포함한 다항식의 인수분해

다항식 $x^2-4xy+4y^2-3x+6y-10$을 인수분해하면 $(x+ay+b)(x+ay+c)$일 때, $a+b+c$의 값은? (단, a, b, c는 상수이다.)

① -5　　　　② -4　　　　③ -3
④ -2　　　　⑤ -1

Point 차수가 가장 낮은 문자에 대하여 내림차순으로 정리한 후 인수분해한다. 또 차수가 모두 같을 때는 어느 한 문자에 대하여 내림차순으로 정리한 후 인수분해한다.

5-1 [숫자]

다항식 $x^2-6xy+9y^2-4x+12y-12$를 인수분해하시오.

5-2 [표현]

다항식 $x^2(y-z)+y^2(z-x)+z^2(x-y)$를 인수분해하시오.

★ 유형 6 | 인수정리를 이용한 다항식의 인수분해

다항식 $x^3+6x^2-4x-24$를 인수분해하면 $(x+a)(x+b)(x+c)$일 때, $a^2+b^2+c^2$의 값은? (단, a, b, c는 상수이다.)

① 41　　　　② 42　　　　③ 43
④ 44　　　　⑤ 45

Point 삼차 이상의 다항식 $P(x)$를 인수분해할 때는 $P(a)=0$을 만족시키는 상수 a의 값을 구하여
$$P(x)=(x-a)Q(x)$$
꼴로 인수분해한다.

6-1 [숫자]

다항식 x^3-4x^2+x+6을 인수분해하시오.

6-2 [표현]

다항식 $3x^3+ax^2-19x+6$이 $(3x+b)(x+c)(x-2)$로 인수분해될 때, $a+b+c$의 값은? (단, a, b, c는 상수이다.)

① 4　　　　② 5　　　　③ 6
④ 7　　　　⑤ 8

01

다항식 $x^2-2xy+4y-4$를 인수분해하시오.

02

다항식 $a^2+4b^2+9c^2+4ab-12bc-6ca$를 인수분해하시오.

03

다항식 x^4-81y^4을 인수분해하시오.

04

다항식 $(2x-3y-1)(2x-3y+2)-4$를 인수분해하면 $(2x+ay+b)(2x+ay+c)$일 때, $a+b+c$의 값은? (단, a, b, c는 상수이다.)

① -3　　　② -2　　　③ -1
④ 2　　　⑤ 3

05 ★

다항식 $x(x+2)(x-1)(x-3)+8$을 인수분해하면 $(x+1)(x+a)(x^2+bx+c)$일 때, abc의 값을 구하시오. (단, a, b, c는 상수이다.)

06

다항식 x^4+4를 인수분해하면 $(x^2+ax+b)(x^2+cx+b)$일 때, $a+b+c$의 값을 구하시오. (단, a, b, c는 상수이다.)

07

두 다항식 x^4+2x^2+9와 $(x^2-2x)(x^2-2x-3)-18$의 공통인수가 x^2+ax+b일 때, $a+b$의 값은? (단, a, b는 상수이다.)

① 3　　　② 2　　　③ 1
④ -1　　　⑤ -2

08

다항식 $a^2b+b^2c-b^3-ca^2$을 인수분해하시오.

09

다항식 $2abc + a(b^2 + c^2) + b(c^2 + a^2) + c(a^2 + b^2)$을 인수분해하시오.

10

다항식 $P(x) = x^3 - 4x^2 + 6x + a$가 $x-2$로 나누어떨어질 때, $P(x)$를 인수분해하시오. (단, a는 상수이다.)

★ 11

다항식 $x^3 - 2x^2 - 5x + a$를 인수분해하면 $(x-1)(x+b)(x+c)$일 때, $a^2 + b^2 + c^2$의 값은?

(단, a, b, c는 상수이다.)

① 41 ② 43 ③ 45
④ 47 ⑤ 49

12

다항식 $x^2 - (a+1)x + a$가 $x^3 - 2x^2 - x + 2$의 인수가 되도록 하는 모든 상수 a의 값의 합을 구하시오.

13 · 지학사 변형

밑면의 가로의 길이, 세로의 길이가 각각 $n+2$, $n+a$이고, 높이가 $n+b$인 직육면체 모양의 택배 상자가 있다. 이 택배 상자의 부피가 $n^3 + 10n^2 + 31n + 30$일 때, ab의 값을 구하시오.

(단, n, a, b는 자연수이다.)

14 · 동아출판 변형

밑면의 반지름의 길이가 $x+a$, 높이가 $x+b$인 원기둥 모양의 물병이 있다. 이 물병 1개의 부피가 $(x^3 + 25x^2 + 200x + 500)\pi$일 때, 상수 a, b에 대하여 $a+b$의 값을 구하시오. (단, $x>0$)

15

$13^4 - 7^4 = a \times 20 \times 218$로 나타낼 때, 자연수 a의 값을 구하시오.

되짚어 보기

01 다음을 계산하시오.

(1) $(2-3\sqrt{2})+(\sqrt{2}-1)$

(2) $(2-\sqrt{2})-(4+2\sqrt{2})$

(3) $(1+2\sqrt{3})(4-\sqrt{3})$

(4) $\dfrac{3-\sqrt{6}}{4+\sqrt{6}}$

02 다음 이차방정식을 푸시오.

(1) $x^2-3x+2=0$

(2) $2x^2+4x-5=0$

03 다음 이차함수의 그래프의 꼭짓점의 좌표를 구하시오.

(1) $y=x^2-x-2$

(2) $y=-x^2+6x-7$

04 다음 다항식을 인수분해하시오.

(1) x^3+x^2-5x+3

(2) x^4+x^2-2

05 다음 연립방정식을 푸시오.

(1) $\begin{cases} 2x-y=-1 \\ -3x+y=5 \end{cases}$

(2) $\begin{cases} y=3x-8 \\ x+2y=-2 \end{cases}$

06 다음 부등식을 푸시오.

(1) $2x-10 \geq -3x+5$

(2) $3(x+1) > -(x-1)$

Ⅱ

방정식과 부등식

배운 내용

중학교 1학년
- ▶ 제곱근을 포함한 식의 계산
- ▶ 일차방정식

중학교 2학년
- ▶ 일차부등식
- ▶ 연립일차방정식

중학교 3학년
- ▶ 인수분해
- ▶ 이차방정식

수학
- ▶ 나머지정리
- ▶ 인수분해

학습 내용

04 복소수

05 이차방정식

06 이차방정식과 이차함수

07 여러 가지 방정식

08 여러 가지 부등식

배울 내용

수학 Ⅰ
- ▶ 지수함수와 로그함수

수학 Ⅱ
- ▶ 도함수의 활용

미적분
- ▶ 도함수의 활용

04 복소수

04·1 복소수

(1) **허수단위 i**: 제곱하여 -1이 되는 수를 i로 나타내고, 이것을 허수단위라 한다. 즉,
$i^2=-1$이고, $i=\sqrt{-1}$로 나타내기로 한다.

(2) **복소수**: 임의의 두 실수 a, b에 대하여 $a+bi$ 꼴로 나타내어
지는 수

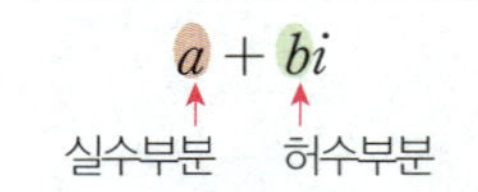

(3) **복소수의 분류**

$$\text{복소수 } a+bi \begin{cases} \text{실수 } a & (b=0) \\ \text{허수 } a+bi & (b\neq0) \end{cases} (a,\ b\text{는 실수})$$

(4) **복소수가 서로 같을 조건**

a, b, c, d가 실수일 때,

① $a+bi=c+di$이면 $a=c$, $b=d$ ② $a+bi=0$이면 $a=0$, $b=0$

(5) **켤레복소수**: 복소수 $z=a+bi$ (a, b는 실수)에 대하여 $a-bi$를 z의 켤레복소수라 하고, 기
호로 $\bar{z}$와 같이 나타낸다. 즉, $\overline{a+bi}=a-bi$이다.

04·2 복소수의 연산

(1) a, b, c, d가 실수일 때,

① $(a+bi)+(c+di)=(a+c)+(b+d)i$

② $(a+bi)-(c+di)=(a-c)+(b-d)i$

③ $(a+bi)(c+di)=(ac-bd)+(ad+bc)i$

④ $\dfrac{a+bi}{c+di}=\dfrac{ac+bd}{c^2+d^2}+\dfrac{bc-ad}{c^2+d^2}i$ (단, $c+di\neq0$)

(2) **i의 거듭제곱**

n이 음이 아닌 정수일 때,

$$i^{4n}=1,\ i^{4n+1}=i,\ i^{4n+2}=-1,\ i^{4n+3}=-i$$

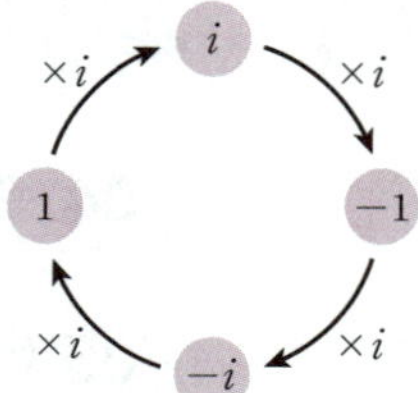

04·3 음수의 제곱근

(1) **음수의 제곱근**

$a>0$일 때,

① $\sqrt{-a}=\sqrt{a}\,i$ ② $-a$의 제곱근은 $\sqrt{a}\,i$와 $-\sqrt{a}\,i$이다.

(2) **음수의 제곱근의 성질**

① $a<0$, $b<0$일 때, $\sqrt{a}\sqrt{b}=-\sqrt{ab}$ ② $a>0$, $b<0$일 때, $\dfrac{\sqrt{a}}{\sqrt{b}}=-\sqrt{\dfrac{a}{b}}$

개념 플러스

➕ 복소수 $z=a+bi$가 실수, 순허수, 허수가 되기 위한 조건
① 실수 $\Rightarrow b=0$
② 순허수 $\Rightarrow a=0,\ b\neq0$
③ 허수 $\Rightarrow b\neq0$

➕ 복소수 z에 대하여
① $\overline{(\bar{z})}=z$
② z가 실수이면 $z=\bar{z}$
③ z가 순허수이면 $z=-\bar{z}$

➕ 두 복소수 z_1, z_2의 켤레복소수를 각각 $\bar{z_1}$, $\bar{z_2}$라 할 때,
① $\overline{z_1+z_2}=\bar{z_1}+\bar{z_2}$
② $\overline{z_1-z_2}=\bar{z_1}-\bar{z_2}$
③ $\overline{z_1z_2}=\bar{z_1}\cdot\bar{z_2}$
④ $\overline{\left(\dfrac{z_1}{z_2}\right)}=\dfrac{\bar{z_1}}{\bar{z_2}}$ (단, $z_2\neq0$)

➕ 0이 아닌 두 실수 a, b에 대하여
① $\sqrt{a}\sqrt{b}=-\sqrt{ab}$이면
$a<0,\ b<0$
② $\dfrac{\sqrt{a}}{\sqrt{b}}=-\sqrt{\dfrac{a}{b}}$이면
$a>0,\ b<0$

교과서 유형 흐름잡기

유형 1 | 복소수가 서로 같을 조건

등식 $x(3+2i)+2y-4i=7-2i$를 만족시키는 실수 x, y에 대하여 $x+y$의 값은?

① 1 ② 2 ③ 3
④ 4 ⑤ 5

> **Point** a, b, c, d가 실수일 때, $a+bi=c+di$이면 $a=c$, $b=d$임을 이용한다.

1-1 [숫자]

등식 $x(2-3i)+y(5+4i)=1+10i$를 만족시키는 실수 x, y에 대하여 xy의 값을 구하시오.

1-2 [표현]

두 실수 x, y가 등식 $\dfrac{x}{2+i}+\dfrac{y}{2-i}=4+4i$를 만족시킬 때, $\dfrac{y}{x}$의 값은?

① -3 ② $-\dfrac{1}{3}$ ③ $\dfrac{1}{3}$
④ 1 ⑤ 3

유형 2 | 복소수가 실수 또는 순허수가 되기 위한 조건

복소수 $(2+i)x^2-(3-4i)x-2-12i$가 순허수가 되도록 하는 실수 x의 값은?

① $-\dfrac{1}{2}$ ② -1 ③ $-\dfrac{3}{2}$
④ -2 ⑤ $-\dfrac{5}{2}$

> **Point** 복소수 $z=a-bi$ (a, b는 실수)에 대하여 실수이면 $b=0$이고, 순허수이면 $a=0$, $b\neq0$임을 이용한다.

2-1 [숫자]

복소수 $(1+2i)x^2+(4+i)x-5-3i$가 순허수가 되도록 하는 실수 x의 값을 구하시오.

2-2 [표현]

복소수 $z=(1-i)x^2-3xi-9$에 대하여 $z^2<0$이 되도록 하는 실수 x의 값을 구하시오.

$x=\dfrac{2i}{1-i}$, $y=\dfrac{2i}{1+i}$일 때, x^3-y^3의 값은?

① 1 ② 2 ③ 3

④ 4 ⑤ 5

Tip $x+y$, $x-y$, xy의 값을 구한 후 곱셈 공식을 이용한다.

3-1 〔숫자〕

$x=\dfrac{5i}{2-i}$, $y=\dfrac{5i}{2+i}$일 때, x^3+y^3의 값을 구하시오.

3-2 〔표현〕

복소수 $z_1=2-5i$, $z_2=3+i$에 대하여 $\overline{z_1}$, $\overline{z_2}$는 각각 z_1, z_2의 켤레복소수일 때, $z_1\overline{z_1}-\overline{z_1}z_2-z_1\overline{z_2}+z_2\overline{z_2}$의 값을 구하시오.

복소수 z와 그 켤레복소수 $\overline{z}$에 대하여 $(5-2i)z+i\overline{z}=13+3i$가 성립할 때, 복소수 z는?

① $2+i$ ② $2-i$ ③ $1+2i$

④ $1-i$ ⑤ $1-2i$

Tip 복소수 z에 대한 등식이 주어지면 $z=a+bi$ (a, b는 실수)로 놓고 등식에 대입한 후 a, b의 값을 구한다.

4-1 〔숫자〕

복소수 z와 그 켤레복소수 $\overline{z}$에 대하여
$$(1-i)z+(2+3i)\overline{z}=13+5i$$
가 성립할 때, 복소수 z를 구하시오.

4-2 〔표현〕

복소수 z와 그 켤레복소수 $\overline{z}$에 대하여
$$z+\overline{z}=8, \quad z\overline{z}=25$$
가 성립할 때, 복소수 z를 구하시오.

유형 **5** | 복소수의 거듭제곱

$i+i^2+i^3+\cdots+i^{100}$을 간단히 하면?

① $-i$ ② -1 ③ 0

④ 1 ⑤ i

Point n이 음이 아닌 정수일 때, $i^{4n}=1$, $i^{4n+1}=i$, $i^{4n+2}=-1$, $i^{4n+3}=-i$임을 이용한다.

5-1 [숫자]

$i+i^3+i^5+\cdots+i^{99}$을 간단히 하시오.

5-2 [표현]

$\dfrac{1+i}{1-i}+\left(\dfrac{1+i}{1-i}\right)^2+\left(\dfrac{1+i}{1-i}\right)^3+\cdots+\left(\dfrac{1+i}{1-i}\right)^{10}$을 간단히 하면?

① $i-1$ ② -1 ③ 0

④ 1 ⑤ $i+1$

유형 **6** | 음수의 제곱근

$\sqrt{-2}\sqrt{-8}+\sqrt{-4}\sqrt{9}+\dfrac{\sqrt{-12}}{\sqrt{-3}}+\dfrac{\sqrt{36}}{\sqrt{-4}}=a+bi$일 때, 실수 a, b에 대하여 $a+b$의 값은?

① -2 ② -1 ③ 1

④ 2 ⑤ 3

Point $a<0$, $b<0$일 때 $\sqrt{a}\sqrt{b}=-\sqrt{ab}$, $a>0$, $b<0$일 때 $\dfrac{\sqrt{a}}{\sqrt{b}}=-\sqrt{\dfrac{a}{b}}$임을 이용한다.

6-1 [숫자]

$\sqrt{-2}\sqrt{2}+\sqrt{-3}\sqrt{-27}+\dfrac{\sqrt{8}}{\sqrt{-2}}+\dfrac{\sqrt{-48}}{\sqrt{-3}}=a+bi$일 때, 실수 a, b에 대하여 $b-a$의 값은?

① -5 ② -3 ③ 0

④ 3 ⑤ 5

6-2 [표현]

0이 아닌 두 실수 a, b에 대하여 $\dfrac{\sqrt{a}}{\sqrt{b}}=-\sqrt{\dfrac{a}{b}}$일 때, $\sqrt{a^2}+\sqrt{b^2}-|a-b|$를 간단히 하시오.

01

$(1-i)(3+2i)+(1+i)(3-i)=a+bi$를 만족시키는 실수 a, b에 대하여 $a+b$의 값은?

① 4   ② 6   ③ 8
④ 10   ⑤ 12

02

$\dfrac{2}{2+i}+\dfrac{i}{2-i}$를 계산하면?

① $\dfrac{1}{5}$ ② $\dfrac{2}{5}$ ③ $\dfrac{3}{5}$

④ $\dfrac{4}{5}$ ⑤ 1

03   미래엔 변형

교류 회로에서 전류가 흐르기 어려운 정도를 나타내는 임피던스는 복소수 $a+bi$ 꼴로 나타낸다. 오른쪽 그림과 같이 임피던스의 값이 각각 Z_1, Z_2인 저항을 직렬로 연결시킨 교류 회로에서 임피던스 Z는

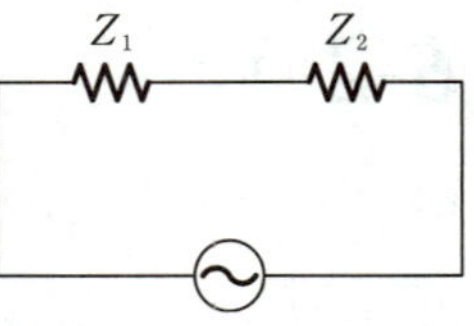

$$Z=Z_1+Z_2$$

로 주어진다. $Z=4+3i$, $Z_1=1+i$일 때, Z_2의 값을 구하시오.

04   천재교과서 변형

교류 회로란 전기 회로에서 전류의 양과 방향이 주기적으로 바뀌는 회로를 말하고, 교류 회로에서 전류를 방해하는 힘을 임피던스라 한다. 교류 회로에서 전압 V(볼트), 전류 I(암페어)와 임피던스 Z(옴) 사이의 관계를 식으로 나타내면 다음과 같은 관계가 성립한다.

$$V=I\times Z$$

이때 전압이 450이고 전류가 $12+9i$인 교류 회로에서 임피던스 Z를 구하시오.

05

등식 $x(2-i)+3(1+2i)=9+yi$를 만족시키는 실수 x, y에 대하여 x^2+y^2의 값을 구하시오.

★ 06

두 실수 x, y가 등식 $\dfrac{x}{3-i}+\dfrac{y}{3+i}=\dfrac{3}{10}+\dfrac{7}{10}i$를 만족시킬 때, xy의 값은?

① -12 ② -3 ③ 3
④ 6   ⑤ 12

07

복소수 $(1+i)x^2+(-5+2i)x+6-8i$가 순허수가 되도록 하는 실수 x의 값을 구하시오.

08

복소수 $z=(x^2-3x-4)+(x^2+4x+3)i$에 대하여 z^2이 음의 실수가 되도록 하는 실수 x의 값을 구하시오.

09

두 복소수 $z_1=a-3i$, $z_2=2+bi$가
$$z_1+\overline{z_2}=5-4i$$
를 만족시킬 때, 두 실수 a, b에 대하여 $a+b$의 값은?
(단, $\overline{z_2}$는 z_2의 켤레복소수이다.)

① 1　　　　② 2　　　　③ 3
④ 4　　　　⑤ 5

10

복소수 z와 그 켤레복소수 $\overline{z}$에 대하여
$(1+i)z+(2+i)\overline{z}=i$가 성립할 때, $z\overline{z}$의 값을 구하시오.

11

복소수 z와 그 켤레복소수 $\overline{z}$에 대하여
$$z+\overline{z}=4,\ z\overline{z}=13$$
이 성립할 때, 복소수 z를 구하시오.

★12

$i^2+i^4+i^6+\cdots+i^{100}$을 간단히 하면?

① -50　　　　② -1　　　　③ 0
④ 1　　　　⑤ 50

13

$\left(\dfrac{1+i}{\sqrt{2}}\right)^{100}+\left(\dfrac{1-i}{\sqrt{2}}\right)^{100}$을 간단히 하시오.

14

다음 중 옳은 것은?

① $\sqrt{-2}\sqrt{-5}=-\sqrt{10}$　　　　② $\sqrt{-2}\sqrt{5}=-\sqrt{10}$

③ $\dfrac{\sqrt{2}}{\sqrt{-5}}=\sqrt{-\dfrac{2}{5}}$　　　　④ $\dfrac{\sqrt{-2}}{\sqrt{-5}}=-\sqrt{\dfrac{2}{5}}$

⑤ $\dfrac{\sqrt{-2}}{\sqrt{5}}=-\sqrt{\dfrac{2}{5}}$

15

다음을 계산하여 $a+bi$ 꼴로 나타내시오. (단, a, b는 실수)

$$\sqrt{-9}\sqrt{-81}+\dfrac{\sqrt{-64}}{\sqrt{-4}}-\dfrac{\sqrt{3}}{\sqrt{-12}}$$

05 이차방정식

05·1 이차방정식의 풀이

(1) 인수분해에 의한 풀이

x에 대한 이차방정식 $(ax-b)(cx-d)=0$의 근은 $x=\dfrac{b}{a}$ 또는 $x=\dfrac{d}{c}$

(2) 근의 공식에 의한 풀이

계수가 실수인 이차방정식 $ax^2+bx+c=0$의 근은 $x=\dfrac{-b\pm\sqrt{b^2-4ac}}{2a}$

05·2 이차방정식의 근의 판별

계수가 실수인 이차방정식 $ax^2+bx+c=0$의 판별식을 $D=b^2-4ac$라 할 때
(1) $D>0$이면 서로 다른 두 실근을 갖고, 서로 다른 두 실근을 가지면 $D>0$이다.
(2) $D=0$이면 중근(서로 같은 두 실근)을 갖고, 중근을 가지면 $D=0$이다.
(3) $D<0$이면 서로 다른 두 허근을 갖고, 서로 다른 두 허근을 가지면 $D<0$이다.

05·3 이차방정식의 근과 계수의 관계

(1) 이차방정식의 근과 계수의 관계

계수가 실수인 이차방정식 $ax^2+bx+c=0$의 두 근을 α, β라 하면

$$\alpha+\beta=-\frac{b}{a},\ \alpha\beta=\frac{c}{a}$$

(2) 두 수를 근으로 갖는 이차방정식

두 수 α, β를 근으로 갖고, x^2의 계수가 1인 이차방정식은

$$x^2-(\alpha+\beta)x+\alpha\beta=0$$

(3) 이차식의 인수분해

계수가 실수인 이차방정식 $ax^2+bx+c=0$의 두 근을 α, β라 하면

$$ax^2+bx+c=a(x-\alpha)(x-\beta)$$

05·4 이차방정식의 켤레근

이차방정식 $ax^2+bx+c=0$에서
(1) a, b, c가 유리수일 때, $p+q\sqrt{m}$이 근이면 $p-q\sqrt{m}$도 근이다.

（단, p, q는 유리수, $q\neq0$, $\sqrt{m}$은 무리수）
(2) a, b, c가 실수일 때, $p+qi$가 근이면 $p-qi$도 근이다. （단, p, q는 실수, $q\neq0$, $i=\sqrt{-1}$）

개념 플러스

⊕ 계수가 실수인 이차방정식은 복소수의 범위에서 항상 2개의 근을 갖는다. 이때 실수인 근을 실근, 허수인 근을 허근이라 한다.

⊕ x의 계수가 짝수인 이차방정식 $ax^2+2b'x+c=0$의 근은
$$x=\frac{-b'\pm\sqrt{b'^2-ac}}{a}$$

⊕ 특별한 언급이 없으면 이차방정식의 계수는 실수이고 근은 복소수의 범위에서 생각한다.

⊕ x의 계수가 짝수인 이차방정식 $ax^2+2b'x+c=0$의 판별식은
$$\frac{D}{4}=b'^2-ac$$

⊕ 두 수 α, β를 근으로 갖고, x^2의 계수가 a인 이차방정식은
$$a\{x^2-(\alpha+\beta)x+\alpha\beta\}=0$$

⊕ 이차방정식의 계수가 모두 유리수라는 조건이 없으면 $p+q\sqrt{m}$이 방정식의 한 근일 때, 다른 한 근이 반드시 $p-q\sqrt{m}$이 되는 것은 아님에 주의한다.

교과서 유형 흐름잡기

★ 유형 1 | 한 근이 주어진 이차방정식

이차방정식 $x^2-2kx+k-4=0$의 한 근이 1일 때, 다른 한 근은? (단, k는 상수이다.)

① -6　　　　② -7　　　　③ -8
④ -9　　　　⑤ -10

Tip 이차방정식
$ax^2+bx+c=0$의 한 근이 α
이면 $a\alpha^2+b\alpha+c=0$

1-1 숫자

이차방정식 $x^2+kx-k+1=0$의 한 근이 3일 때, 다른 한 근을 구하시오. (단, k는 상수이다.)

1-2 표현

x에 대한 이차방정식 $x^2-4kx+k^2+3=0$의 두 근이 1, α일 때, $k+\alpha$의 값은? (단, k는 상수이다.)

① 3　　　　② 5　　　　③ 7
④ 9　　　　⑤ 11

유형 2 | 이차방정식의 활용

한 변의 길이가 x인 정사각형이 있다. 이 정사각형의 가로의 길이를 2만큼 늘이고 세로의 길이를 3만큼 줄였더니 넓이가 50이었다. 처음 정사각형의 넓이는? (단, $x>3$)

① 25　　　　② 36　　　　③ 49
④ 64　　　　⑤ 81

Point 구하는 값을 미지수 x로 놓고 주어진 조건을 이용하여 x에 대한 이차방정식을 세워 푼다. 이때 구한 x의 값이 문제의 조건에 맞는지 확인한다.

2-1 숫자

한 변의 길이가 x인 정사각형이 있다. 이 정사각형의 가로의 길이를 4만큼 늘이고 세로의 길이를 6만큼 줄였더니 넓이가 56이었다. 처음 정사각형의 넓이를 구하시오. (단, $x>6$)

2-2 표현

한 변의 길이가 x인 정사각형이 있다. 이 정사각형의 가로의 길이를 3만큼, 세로의 길이를 2만큼 늘였더니 처음 정사각형의 넓이의 2배가 되었다. 처음 정사각형의 넓이를 구하시오.

x에 대한 이차방정식 $x^2-2(k+1)x+k^2+3k-8=0$이 서로 다른 두 실근을 갖도록 하는 자연수 k의 최댓값은?

① 6   ② 7   ③ 8

④ 9   ⑤ 10

> **Point** 계수가 실수인 이차방정식의 판별식을 D라 할 때, $D>0$이면 서로 다른 두 실근, $D=0$이면 중근, $D<0$이면 서로 다른 두 허근을 갖는다.

3-1 [숫자]

x에 대한 이차방정식 $x^2-2(k-3)x+k^2-4k-3=0$이 서로 다른 두 실근을 갖도록 하는 자연수 k의 최댓값을 구하시오.

3-2 [표현]

x에 대한 이차방정식 $x^2-(k-1)x+k^2-k-1=0$이 중근 α를 갖도록 하는 양수 k의 값에 대하여 $k+\alpha$의 값은?

① $\dfrac{1}{3}$ ② 1 ③ $\dfrac{5}{3}$

④ 2 ⑤ $\dfrac{7}{3}$

이차방정식 $x^2-3x-2=0$의 두 근을 α, β라 할 때, $\alpha^3+\beta^3$의 값은?

① 35   ② 40   ③ 45

④ 50   ⑤ 55

> **Point** 이차방정식 $ax^2+bx+c=0$의 두 근을 α, β라 하면
> $$\alpha+\beta=-\frac{b}{a},\ \alpha\beta=\frac{c}{a}$$

4-1 [숫자]

이차방정식 $x^2-2x-4=0$의 두 근을 α, β라 할 때, $\dfrac{\beta}{\alpha}+\dfrac{\alpha}{\beta}$의 값을 구하시오.

4-2 [표현]

이차방정식 $x^2-4x+1=0$의 두 근을 α, β라 할 때, $\sqrt{\alpha}+\sqrt{\beta}$의 값을 구하시오.

유형 **5** | 이차방정식의 작성

이차방정식 $x^2-5x-3=0$의 두 근 α, β에 대하여 두 수 $\alpha+2$, $\beta+2$를 두 근으로 하고 x^2의 계수가 1인 이차방정식은?

① $x^2-7x+4=0$ ② $x^2-8x+5=0$ ③ $x^2-9x+11=0$
④ $x^2-10x+7=0$ ⑤ $x^2-11x+8=0$

Point 두 수 α, β를 근으로 갖고, x^2의 계수가 1인 이차방정식은 $x^2-(\alpha+\beta)x+\alpha\beta=0$

5-1 숫자

이차방정식 $x^2-4x-1=0$의 두 근 α, β에 대하여 두 수 $\alpha-1$, $\beta-1$을 두 근으로 하고 x^2의 계수가 1인 이차방정식을 구하시오.

5-2 표현

이차방정식 $x^2-2x-5=0$의 두 근 α, β에 대하여 두 수 $\alpha+\beta$, $\alpha\beta$를 두 근으로 하고 x^2의 계수가 2인 이차방정식을 구하시오.

유형 **6** | 이차방정식의 켤레근

이차방정식 $x^2+ax+b=0$의 한 근이 $1-2i$일 때, 실수 a, b에 대하여 ab의 값은?

① -2 ② -4 ③ -6
④ -8 ⑤ -10

Point 이차방정식 $ax^2+bx+c=0$에서 a, b, c가 유리수(실수)일 때, $p+q\sqrt{r}\,(p+qi)$가 근이면 $p-q\sqrt{r}\,(p-qi)$도 근이다.

6-1 숫자

이차방정식 $x^2+ax+b=0$의 한 근이 $1+\sqrt{2}$일 때, 유리수 a, b에 대하여 $\dfrac{a}{b}$의 값을 구하시오.

6-2 표현

이차방정식 $x^2+(a-b)x+ab=0$의 한 근이 $2-\sqrt{3}i$일 때, 실수 a, b에 대하여 a^2+b^2의 값을 구하시오.

01

이차방정식 $x^2-(k+1)x+3k+2=0$의 한 근이 2일 때, 다른 한 근을 구하시오. (단, k는 상수이다.)

02

이차방정식 $x^2-2mx+m-5=0$의 두 근이 1, α일 때, $m+\alpha$의 값은? (단, m은 상수이다.)

① -4 ② -9 ③ -13
④ -17 ⑤ -22

03

한 변의 길이가 x인 정사각형이 있다. 이 정사각형의 가로의 길이를 3만큼 늘이고 세로의 길이를 4만큼 줄였더니 처음 정사각형의 넓이의 $\frac{1}{2}$배가 되었다. 처음 정사각형의 넓이를 구하시오. (단, $x>4$)

04

가로의 길이가 5, 세로의 길이가 3인 직사각형이 있다. 이 직사각형의 가로의 길이를 x만큼 줄이고 세로의 길이를 x만큼 늘였더니 넓이가 $16x$이었다. x의 값을 구하시오.

(단, $0<x<5$)

05

x에 대한 이차방정식 $x^2-2kx+k^2+2k-15=0$이 서로 다른 두 실근을 갖도록 하는 자연수 k의 최댓값은?

① 4   ② 5   ③ 6
④ 7   ⑤ 8

06

x에 대한 이차방정식 $x^2-2(k-3)x+2k^2-6k-4=0$이 중근을 갖도록 하는 상수 k의 값을 모두 구하시오.

07 천재교과서 변형

1부터 10까지의 자연수가 각각 적힌 10개의 공이 들어 있는 주머니가 있다. 이 주머니에서 서로 다른 2개의 공을 뽑아 공에 적힌 숫자를 다음의 빈칸에 한 개씩 적었더니 서로 다른 두 허근을 갖는 이차방정식이 되었다. 그 후 두 숫자의 위치를 서로 바꾸었더니 중근을 갖는 이차방정식이 되었다고 할 때, 뽑은 2개의 공에 적힌 두 수를 구하시오.

$$\Rightarrow x^2+\boxed{}x+\boxed{}=0$$

08 · 비상교육 변형

어느 목공예가가 다음 조건을 모두 만족시키는 액자를 만들어 달라는 제안을 받았다. 목공예가는 이 액자를 만들 수 있는지 없는지 말하시오.

> (개) 액자는 직사각형 모양이어야 한다.
> (내) 액자의 둘레의 길이는 $100\,\text{cm}$이어야 한다.
> (대) 액자의 넓이는 $650\,\text{cm}^2$이어야 한다.

09

이차방정식 $3x^2-6x-2=0$의 두 근을 α, β라 할 때, $\dfrac{\beta}{\alpha}+\dfrac{\alpha}{\beta}$의 값은?

① -8 ② -4 ③ -2
④ 4 ⑤ 8

10

이차방정식 $x^2+2x-5=0$의 두 근을 α, β라 할 때, $(\alpha^2+1)(\beta^2+1)$의 값을 구하시오.

11

이차방정식 $x^2-ax+a-4=0$의 두 근의 합이 12일 때, 두 근의 곱을 구하시오. (단, a는 상수이다.)

★ 12

이차방정식 $x^2-3x+1=0$의 두 근 α, β에 대하여 두 수 α^2+1, β^2+1을 두 근으로 하고 x^2의 계수가 1인 이차방정식을 구하시오.

13

이차방정식 $x^2-x-3=0$의 두 근 α, β에 대하여 두 수 $\dfrac{1}{\alpha-1}$, $\dfrac{1}{\beta-1}$을 두 근으로 하고 x^2의 계수가 3인 이차방정식을 구하시오.

14

이차방정식 $x^2+ax+b=0$의 한 근이 $2+\sqrt{3}$일 때, 유리수 a, b에 대하여 ab의 값을 구하시오.

15

이차방정식 $x^2+(a-b)x+ab=0$의 한 근이 $2+i$일 때, 실수 a, b에 대하여 $(a+b)^2$의 값은?

① 38 ② 36 ③ 34
④ 32 ⑤ 30

06 이차방정식과 이차함수

06·1 이차함수의 그래프와 이차방정식의 관계

(1) 이차함수의 그래프와 이차방정식의 관계

이차함수 $y=ax^2+bx+c$의 그래프와 x축의 교점의 x좌표는 이차방정식 $ax^2+bx+c=0$의 실근과 같다.

(2) 이차함수의 그래프와 이차방정식의 해

이차함수 $y=ax^2+bx+c$의 그래프와 이차방정식 $ax^2+bx+c=0$의 해 사이에는 이차방정식의 판별식 D의 값의 부호에 따라 다음과 같은 관계가 성립한다.

$ax^2+bx+c=0$의 판별식 D		$D>0$	$D=0$	$D<0$
$ax^2+bx+c=0$의 해		서로 다른 두 실근	중근	서로 다른 두 허근
$y=ax^2+bx+c$의 그래프	x축과의 교점의 개수	2	1	0
	$a>0$			
	$a<0$			

> **개념 플러스**
>
> ● 이차함수 $y=ax^2+bx+c$의 그래프와 x축의 교점의 개수는 이차방정식 $ax^2+bx+c=0$의 실근의 개수와 같다.
>
> ● $D\geq0$이면 이차함수의 그래프가 x축과 만난다.

06·2 이차함수의 그래프와 직선의 위치 관계

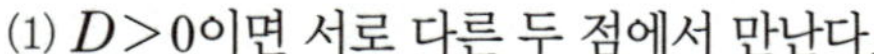

이차함수 $y=ax^2+bx+c$의 그래프와 직선 $y=mx+n$의 위치 관계는 이차방정식 $ax^2+bx+c=mx+n$, 즉 $ax^2+(b-m)x+c-n=0$의 판별식 D의 값의 부호에 따라 다음과 같다.

(1) $D>0$이면 서로 다른 두 점에서 만난다.
(2) $D=0$이면 한 점에서 만난다. (접한다.)
(3) $D<0$이면 만나지 않는다.

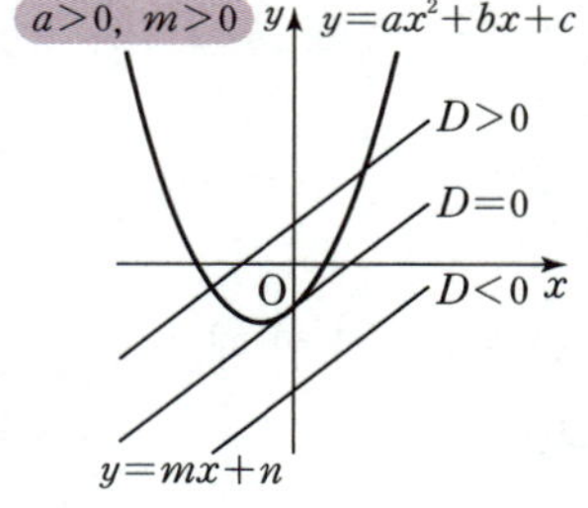

> ● 두 함수 $y=f(x)$, $y=g(x)$의 그래프의 교점의 개수는 방정식 $f(x)=g(x)$의 서로 다른 실근의 개수와 같다.

06·3 이차함수의 최대, 최소와 그 활용

(1) 이차함수 $y=a(x-m)^2+n$은
　① $a>0$일 때, $x=m$에서 최솟값 n을 갖고, 최댓값은 없다.
　② $a<0$일 때, $x=m$에서 최댓값 n을 갖고, 최솟값은 없다.
(2) $\alpha\leq x\leq\beta$인 이차함수 $f(x)=a(x-m)^2+n$에서
　① $\alpha\leq m\leq\beta$이면 $f(m), f(\alpha), f(\beta)$ 중 가장 큰 값이 최댓값, 가장 작은 값이 최솟값이다.
　② $m<\alpha$ 또는 $m>\beta$이면 $f(\alpha), f(\beta)$ 중 큰 값이 최댓값, 작은 값이 최솟값이다.

> ● 일반형으로 주어진 이차함수는 표준형으로 변형하여 최댓값과 최솟값을 구한다.
>
> ● 함수식이 같아도 x의 값의 범위가 다르면 최댓값과 최솟값이 다를 수 있다.

교과서 유형 흐름잡기

유형 **1** | 이차함수의 그래프와 이차방정식의 관계

이차함수 $y=x^2+ax+b$의 그래프가 오른쪽 그림과 같을 때, 상수 a, b에 대하여 $a+b$의 값은?

① -6　　　　② -7

③ -8　　　　④ -9

⑤ -10

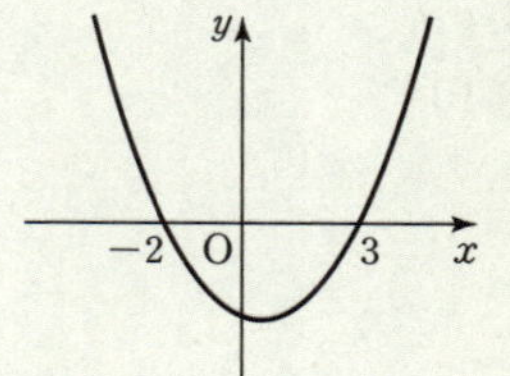

Point 이차함수의 그래프와 x축의 교점의 x좌표는 이차방정식의 실근과 같다.

1-1 숫자

이차함수 $y=x^2+ax+b$의 그래프가 오른쪽 그림과 같을 때, 상수 a, b에 대하여 ab의 값을 구하시오.

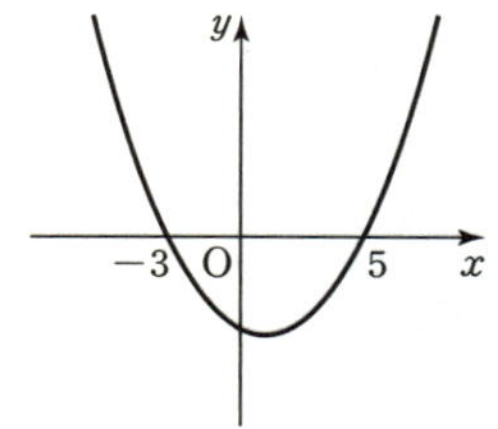

1-2 표현

이차함수 $y=ax^2+bx+c$의 그래프가 오른쪽 그림과 같을 때, 상수 a, b, c에 대하여 $a^2+b^2+c^2$의 값을 구하시오.

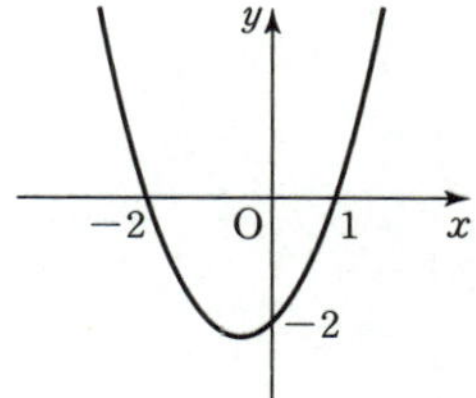

★ 유형 **2** | 이차함수의 그래프와 x축의 위치 관계

이차함수 $y=x^2-2kx+2k^2+4k-5$의 그래프가 x축에 접하도록 하는 모든 실수 k의 값의 합은?

① -1　　　　② -2　　　　③ -3

④ -4　　　　⑤ -5

Point 이차함수의 그래프가 x축과 만나는 점의 개수는 이차방정식의 실근의 개수와 같다.

2-1 숫자

이차함수 $y=x^2-(k-1)x+k^2+k-2$의 그래프가 x축에 접하도록 하는 모든 실수 k의 값의 합을 구하시오.

2-2 표현

이차함수 $y=x^2-2(k+1)x+k^2-7$의 그래프가 x축과 서로 다른 두 점에서 만나도록 하는 정수 k의 최솟값을 구하시오.

이차함수 $y=x^2-4x+k$의 그래프와 직선 $y=x+3$이 서로 다른 두 점에서 만나도록 하는 모든 자연수 k의 개수는?

① 6 ② 7 ③ 8
④ 9 ⑤ 10

Tip 이차함수의 그래프와 직선이 만나는 점의 개수는 이차함수의 식과 직선의 방정식을 연립하여 얻은 이차방정식의 실근의 개수와 같다.

3-1 [숫자]

이차함수 $y=x^2-x+k$의 그래프와 직선 $y=2x+5$가 서로 다른 두 점에서 만나도록 하는 모든 자연수 k의 개수를 구하시오.

3-2 [표현]

이차함수 $y=-x^2+3x-k$의 그래프와 직선 $y=4x-3$이 만나지 않도록 하는 자연수 k의 최솟값을 구하시오.

이차함수 $y=x^2-5x+2$의 그래프와 접하고 기울기가 1인 직선의 방정식이 $y=ax+b$일 때, 상수 a, b에 대하여 $b-a$의 값은?

① -6 ② -7 ③ -8
④ -9 ⑤ -10

Tip 이차함수의 그래프와 직선이 접할 때는 이차함수의 식과 직선의 방정식을 연립하여 얻은 이차방정식이 중근을 가질 때와 같다.

4-1 [숫자]

이차함수 $y=-x^2+2x+4$의 그래프와 접하고 기울기가 -2인 직선의 방정식이 $y=ax+b$일 때, 상수 a, b에 대하여 ab의 값을 구하시오.

4-2 [표현]

직선 $y=3x+5$를 x축의 방향으로 k만큼 평행이동하였더니 이차함수 $y=x^2-x+12$의 그래프와 접하였다. 이때 상수 k의 값은?

① -2 ② -1 ③ 1
④ 2 ⑤ 3

유형 5 ｜ 이차함수의 최대, 최소 (1)

이차함수 $y=x^2-4x+6$이 $x=a$에서 최솟값 b를 가질 때, $a+b$의 값은?

① 1　　　　② 2　　　　③ 3
④ 4　　　　⑤ 5

Tip 이차함수의 최솟값(최댓값)은 이차함수의 꼭짓점의 y좌표의 값과 같다.

5-1 [숫자]

이차함수 $y=x^2-6x+12$가 $x=a$에서 최솟값 b를 가질 때, ab의 값을 구하시오.

5-2 [표현]

이차함수 $y=x^2+ax+b$가 $x=3$에서 최솟값 4를 가질 때, 상수 a, b에 대하여 $a+b$의 값을 구하시오.

유형 6 ｜ 이차함수의 최대, 최소 (2)

$-1\le x\le 2$에서 이차함수 $y=3x^2-6x+7$의 최댓값을 M, 최솟값을 m이라 할 때, $M+m$의 값은?

① 16　　　　② 17　　　　③ 18
④ 19　　　　⑤ 20

Tip x의 값의 범위가 주어진 경우 이차함수는 주어진 범위의 양 끝 점 또는 꼭짓점에서 최댓값, 최솟값을 갖는다.

6-1 [숫자]

$-3\le x\le 1$에서 이차함수 $y=3x^2+12x+16$의 최댓값을 M, 최솟값을 m이라 할 때, $M-m$의 값은?

① 21　　　　② 23　　　　③ 25
④ 27　　　　⑤ 29

6-2 [표현]

$0\le x\le 3$에서 이차함수 $y=x^2-4x+k$의 최솟값이 5일 때, 최댓값을 구하시오. (단, k는 상수이다.)

교과서 문제 정복하기

01

이차함수 $y=x^2+ax+b$의 그래프가 오른쪽 그림과 같을 때, 상수 a, b에 대하여 $a+b$의 값은?

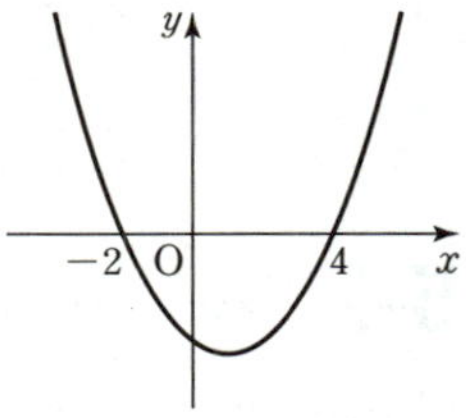

① -10 ② -5

③ 5 ④ 10

⑤ 15

02

이차함수 $y=ax^2+bx+c$의 그래프가 오른쪽 그림과 같을 때, 상수 a, b, c에 대하여 abc의 값을 구하시오.

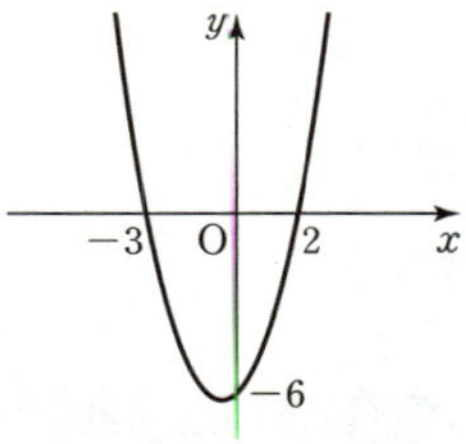

03   천재교과서 변형

어느 축구선수가 비스듬히 위로 공을 차올렸더니 다음 그림과 같이 공이 $\overline{AC}=4\,\mathrm{m}$, $\overline{BH}=2\,\mathrm{m}$인 포물선을 그리며 지면에 떨어졌다. 점 H, $\overline{AC}$, $\overline{BH}$를 각각 좌표평면의 원점, x축, y축으로 놓았을 때, 이 포물선이 나타내는 이차함수의 식을 구하시오.

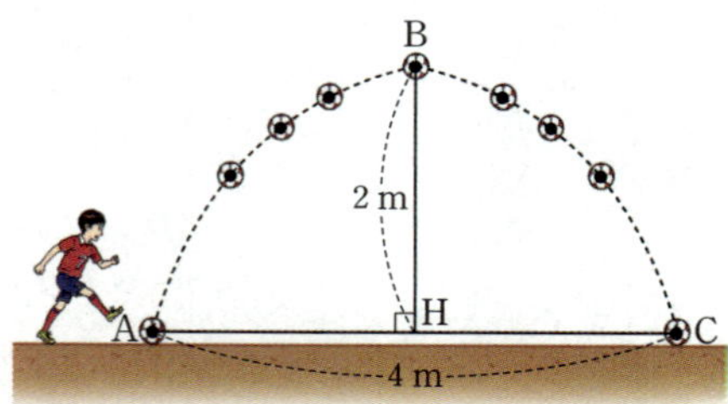

04

이차함수 $y=x^2-(k-1)x+k+2$의 그래프가 x축에 접하도록 하는 모든 실수 k의 값의 합을 구하시오.

05

x에 대한 이차함수 $y=-x^2+2kx-k^2+3k+9$의 그래프가 x축과 서로 다른 두 점에서 만나도록 하는 실수 k의 값의 범위는?

① $k>-5$ ② $k>-3$ ③ $k>-1$

④ $k<3$ ⑤ $k<5$

★ 06

이차함수 $y=x^2-3x+k$의 그래프와 직선 $y=-2x+3$이 서로 다른 두 점에서 만나도록 하는 모든 자연수 k의 개수를 구하시오.

07

이차함수 $y=x^2-x+k$의 그래프와 직선 $y=3x+8$이 접할 때, 상수 k의 값을 구하시오.

08

이차함수 $y=x^2-2x+7$의 그래프와 접하고 기울기가 -1인 직선의 방정식이 $y=ax+b$일 때, 상수 a, b에 대하여 ab의 값은?

① -6 ② $-\dfrac{25}{4}$ ③ $-\dfrac{13}{2}$

④ $-\dfrac{27}{4}$ ⑤ -7

09

이차함수 $y=x^2+3x+6$의 그래프와 직선 $y=mx+2$가 한 점에서 만날 때, 모든 실수 m의 값의 합을 구하시오.

10 비상교육 변형

곡선을 사용하지 않고 직선만을 사용하여 여러 가지 모양을 만들어내는 것을 스트링아트라 한다. 스트링아트의 한 작품을 오른쪽 그림과 같이 좌표

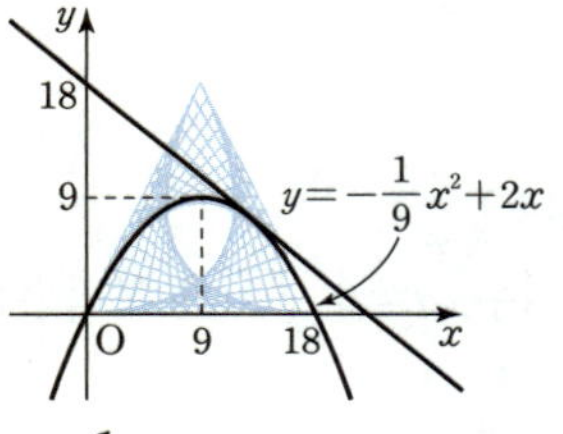

평면 위에 나타내면 이차함수 $y=-\dfrac{1}{9}x^2+2x$의 그래프를 찾을 수 있다. 이 이차함수의 그래프와 접하고 기울기가 음수인 직선이 점 $(0,\ 18)$을 지날 때, 이 직선의 방정식을 구하시오.

11

이차함수 $y=-2x^2+4x+6$이 $x=a$에서 최댓값 b를 가질 때, $a+b$의 값을 구하시오.

★12

이차함수 $y=x^2+ax+3$이 $x=2$에서 최솟값 b를 가질 때, $a+b$의 값은? (단, a는 상수이다.)

① -5 ② -3 ③ -1

④ 3 ⑤ 5

13

$-2\leq x\leq 2$에서 이차함수 $y=-2x^2-4x+5$의 최댓값을 M, 최솟값을 m이라 할 때, $M+m$의 값은?

① -5 ② -4 ③ -3

④ -2 ⑤ -1

14

$1\leq x\leq 4$에서 이차함수 $y=x^2-6x+k$의 최댓값을 M, 최솟값을 m이라 할 때, $M+m=10$이다. 상수 k의 값을 구하시오.

15

이차함수 $f(x)=x^2+ax+b$의 그래프는 직선 $x=2$에 대하여 대칭이다. $-1\leq x\leq 3$에서 함수 $f(x)$의 최댓값이 9일 때, $a+b$의 값은? (단, a, b는 상수이다.)

① -8 ② -4 ③ 0

④ 4 ⑤ 8

07 여러 가지 방정식

07·1 삼차방정식과 사차방정식

(1) **삼차방정식과 사차방정식**

다항식 $P(x)$가 x에 대한 삼차다항식, 사차다항식일 때, 방정식 $P(x)=0$을 각각 x에 대한 삼차방정식, 사차방정식이라 한다.

(2) $P(x)=0$ **꼴의 삼 · 사차방정식의 풀이**

다항식 $P(x)$를 인수분해한 후 다음을 이용하여 푼다.

$ABC=0$이면 $A=0$ 또는 $B=0$ 또는 $C=0$

$ABCD=0$이면 $A=0$ 또는 $B=0$ 또는 $C=0$ 또는 $D=0$

(3) $ax^4+bx^2+c=0 \ (a\neq0)$ **꼴의 방정식의 풀이**

① $x^2=X$로 치환하여 좌변을 인수분해한다.

② $A^2-B^2=0$ 꼴로 변형하여 좌변을 인수분해한다.

(4) $ax^4+bx^3+cx^2+bx+a=0 \ (a\neq0)$ **꼴의 방정식의 풀이**

양변을 x^2으로 나눈 후 $x+\dfrac{1}{x}=X$로 치환하여 X에 대한 이차방정식을 푼다.

07·2 삼차방정식의 근과 계수의 관계

삼차방정식 $ax^3+bx^2+cx+d=0$의 세 근을 α, β, γ라 하면

$$\alpha+\beta+\gamma=-\frac{b}{a}, \ \alpha\beta+\beta\gamma+\gamma\alpha=\frac{c}{a}, \ \alpha\beta\gamma=-\frac{d}{a}$$

07·3 삼차방정식의 켤레근

삼차방정식 $ax^3+bx^2+cx+d=0$에서

(1) a, b, c, d가 유리수일 때, $p+q\sqrt{m}$이 근이면 $p-q\sqrt{m}$도 근이다.

(단, p, q는 유리수, $q\neq0$, $\sqrt{m}$은 무리수)

(2) a, b, c, d가 실수일 때, $p+qi$가 근이면 $p-qi$도 근이다.

(단, p, q는 실수, $q\neq0$, $i=\sqrt{-1}$)

07·4 방정식 $x^3=1$의 허근 ω의 성질

방정식 $x^3=1$의 한 허근을 ω라 하면 다음 성질이 성립한다. (단, $\overline{\omega}$는 ω의 켤레복소수)

(1) $\omega^3=1$, $\omega^2+\omega+1=0$ (2) $\omega+\overline{\omega}=-1$, $\omega\overline{\omega}=1$ (3) $\omega^2=\overline{\omega}=\dfrac{1}{\omega}$

07·5 연립방정식의 풀이

(1) **일차방정식과 이차방정식으로 이루어진 연립이차방정식**

일차방정식을 한 문자로 정리한 후 이차방정식에 대입하여 푼다.

(2) **두 개의 이차방정식으로 이루어진 연립이차방정식**

① 두 이차방정식 중 인수분해가 되는 이차방정식을 인수분해하여 일차방정식을 얻는다.

② ①에서 얻은 일차방정식을 이차방정식에 대입하여 푼다.

(3) x, y**에 대한 대칭식인 연립방정식**

$x+y=m$, $xy=n$과 같이 x, y에 대한 대칭식인 연립방정식은 x, y가 t에 대한 이차방정식 $t^2-mt+n=0$의 두 근임을 이용하여 푼다.

개념 플러스

➕ 계수가 실수인 삼차방정식과 사차방정식은 복소수의 범위에서 각각 3개, 4개의 근을 갖는다.

➕ 세 수 α, β, γ를 근으로 하고 x^3의 계수가 1인 삼차방정식은
$x^3-(\alpha+\beta+\gamma)x^2$
$+(\alpha\beta+\beta\gamma+\gamma\alpha)x-\alpha\beta\gamma=0$

➕ 방정식 $x^3=-1$의 한 허근을 ω라 하면 다음 성질이 성립한다.
(단, $\overline{\omega}$는 ω의 켤레복소수)
① $\omega^3=-1$, $\omega^2-\omega+1=0$
② $\omega+\overline{\omega}=1$, $\omega\overline{\omega}=1$
③ $\omega^2=-\overline{\omega}=-\dfrac{1}{\omega}$

교과서 유형 흐름잡기

유형 1 | 삼차방정식과 사차방정식의 풀이

방정식 $x^3-2x^2-5x+6=0$의 근 중 가장 큰 근과 가장 작은 근의 합은?

① 1   ② 2   ③ 3

④ 4   ⑤ 5

> **Point** $P(x)=0$ 꼴의 삼차방정식과 사차방정식은 $P(x)$를 인수정리와 조립제법을 이용하여 인수분해하거나 공통부분을 하나의 문자로 바꾸어 그 문자에 대한 방정식으로 변형한 후 인수분해한다.

1-1 [숫자]

방정식 $x^3+4x^2+x-6=0$의 근 중 가장 큰 근과 가장 작은 근의 합을 구하시오.

1-2 [표현]

방정식 $(x^2-x)^2-8(x^2-x)+12=0$의 모든 실근의 합은?

① 1   ② 2   ③ 3

④ 4   ⑤ 5

유형 2 | 근이 주어진 삼·사차방정식의 미정계수 구하기

방정식 $x^3-4x^2+kx-\dfrac{3}{2}k=0$의 한 근이 3일 때, 나머지 두 근의 곱은?

(단, k는 실수이다.)

① -3 ② -1 ③ 1

④ 3   ⑤ 5

> **Point** 방정식 $P(x)=0$의 한 근이 a면 $P(a)=0$임을 이용한다.

2-1 [숫자]

방정식 $x^3-x^2+kx+24=0$의 한 근이 -4일 때, 나머지 두 근을 구하시오. (단, k는 상수이다.)

2-2 [표현]

방정식 $x^4+ax^3+bx^2+2x-2=0$의 두 근이 -1, 1일 때, 나머지 두 근의 곱을 구하시오. (단, a, b는 실수이다.)

방정식 $2x^3-3x^2-3x+2=0$의 세 근을 α, β, γ라 할 때, $(\alpha+\beta)(\beta+\gamma)(\gamma+\alpha)$의 값은?

① $-\dfrac{3}{2}$ ② $-\dfrac{5}{4}$ ③ -1

④ $-\dfrac{3}{4}$ ⑤ $-\dfrac{1}{2}$

Point 삼차방정식
$ax^3+bx^2+cx+d=0$의 세 근을 α, β, γ라 하면
$\alpha+\beta+\gamma=-\dfrac{b}{a}$,
$\alpha\beta+\beta\gamma+\gamma\alpha=\dfrac{c}{a}$,
$\alpha\beta\gamma=-\dfrac{d}{a}$임을 이용한다.

3-1 숫자

방정식 $x^3-5x^2+2x+8=0$의 세 근을 α, β, γ라 할 때, $\dfrac{\beta+\gamma}{\alpha}+\dfrac{\gamma+\alpha}{\beta}+\dfrac{\alpha+\beta}{\gamma}$의 값을 구하시오.

3-2 표현

방정식 $x^3+ax^2-9x+18=0$의 세 근을 α, β, γ라 할 때, $\dfrac{1}{\alpha\beta}+\dfrac{1}{\beta\gamma}+\dfrac{1}{\gamma\alpha}=-\dfrac{1}{9}$이 성립한다. 이때 상수 a의 값을 구하시오.

방정식 $x^3+ax^2+bx+2=0$의 한 근이 $1+\sqrt{2}$일 때, 유리수 a, b에 대하여 ab의 값은?

① 12 ② 6 ③ 3

④ -6 ⑤ -12

Point 계수가 유리수(실수)인 삼차방정식의 한 근이 $p+q\sqrt{m}\,(p+qi)$이면 $p-q\sqrt{m}\,(p-qi)$도 근이다.
(단, p, q는 유리수(실수), $q\neq0$, $\sqrt{m}$은 무리수, $i=\sqrt{-1}$)

4-1 숫자

방정식 $x^3+ax^2+bx-1=0$의 한 근이 $2-\sqrt{3}$일 때, 유리수 a, b에 대하여 $\dfrac{b}{a}$의 값을 구하시오.

4-2 표현

방정식 $x^3+ax^2+bx+10=0$의 한 근이 $1+2i$일 때, 나머지 두 근의 합을 구하시오. (단, a, b는 실수이다.)

유형 5 ｜ 방정식 $x^3=1$, $x^3=-1$의 허근의 성질

방정식 $x^3=1$의 한 허근을 ω라 할 때, $\dfrac{\omega+1}{\omega^2}+\dfrac{\omega^2}{\omega+1}$의 값은?

① 2　　　　　　　② 1　　　　　　　③ 0

④ -1　　　　　　⑤ -2

Point 방정식 $x^3=1$의 한 허근을 ω라 하면 $\omega^3=1$, $\omega^2+\omega+1=0$임을 이용한다.

5-1 [숫자]

방정식 $x^3=-1$의 한 허근을 ω라 할 때, $\dfrac{\omega-1}{\omega^2}+\dfrac{\omega^2}{\omega-1}$의 값을 구하시오.

5-2 [표현]

$\omega=\dfrac{1+\sqrt{3}\,i}{2}$일 때, $\omega^{2019}+\dfrac{1}{\omega^{2019}}$의 값은?

① -2　　　　　　② -1　　　　　　③ 0

④ 1　　　　　　　⑤ 2

유형 6 ｜ 연립이차방정식

연립방정식 $\begin{cases} 2x-y=3 \\ 3x^2+y^2=4 \end{cases}$ 의 해 중 x, y의 값이 모두 정수인 것을 $x=a$, $y=b$라 할 때, a^2+b^2의 값은?

① 1　　　　　　　② 2　　　　　　　③ 3

④ 4　　　　　　　⑤ 5

Point 일차방정식과 이차방정식으로 이루어진 연립이차방정식은 일차방정식을 이차방정식에 대입하여 푼다. 또, 두 개의 이차방정식으로 이루어진 연립이차방정식은 어느 한 식을 인수분해하여 얻은 일차방정식과 다른 이차방정식을 연립하여 푼다.

6-1 [숫자]

연립방정식 $\begin{cases} x-2y=1 \\ x^2+y^2=10 \end{cases}$ 의 해 중 x, y의 값이 모두 정수인 것을 $x=a$, $y=b$라 할 때, ab의 값을 구하시오.

6-2 [표현]

연립방정식 $\begin{cases} x^2-4y^2=0 \\ x^2+xy+y^2=63 \end{cases}$ 의 해를 $x=a$, $y=b$라 할 때, $a+b$의 최댓값을 구하시오.

교과서 문제 정복하기

01

방정식 $x^3+2x^2-9x-18=0$을 푸시오.

02

방정식 $(2x^2-3x+2)(2x^2-3x-3)+4=0$을 푸시오.

03

방정식 $x^3+ax^2+bx-6=0$의 두 근이 1, 2일 때, 나머지 한 근을 α라 하자. $\alpha+a+b$의 값은?

(단, a, b는 상수이다.)

① 2   ② 4   ③ 6
④ 8   ⑤ 10

04

방정식 $x^4-3x^3-x^2+ax+b=0$의 두 근이 1, 2일 때, 나머지 두 근의 곱을 구하시오. (단, a, b는 실수이다.)

★ 05

방정식 $x^3-10x^2-5x+6=0$의 세 근을 α, β, γ라 할 때, $(\alpha-1)(\beta-1)(\gamma-1)$의 값은?

① 6   ② 8   ③ 10
④ 12   ⑤ 14

06

방정식 $x^3-6x^2+ax+b=0$의 세 근의 비가 $1:2:3$일 때, 상수 a, b에 대하여 $a-2b$의 값을 구하시오.

07

방정식 $x^3+ax-b=0$의 한 근이 $1-\sqrt{3}$일 때, 유리수 a, b에 대하여 ab의 값을 구하시오.

08

방정식 $x^3+ax^2+4x+b=0$의 한 근이 $1-i$일 때, 나머지 두 근의 곱을 구하시오. (단, a, b는 실수이다.)

09

삼차방정식 $2x^3+x^2+2x+3=0$의 두 허근을 z_1, z_2라 할 때, $z_1\overline{z_1}+z_2\overline{z_2}$의 값은?

(단, $\overline{z_1}$, $\overline{z_2}$는 각각 z_1, z_2의 켤레복소수이다.)

① 2 　　　② 3 　　　③ 4
④ 5 　　　⑤ 6

★ 10

방정식 $x^3=1$의 한 허근을 ω라 할 때,
$\omega^6+\omega^5+\omega^4+\omega^3+\omega^2+\omega+1=a+b\omega$를 만족시키는 실수 a, b에 대하여 $a+b$의 값은?

① 3 　　　② 2 　　　③ 1
④ -1 　　　⑤ -2

11

방정식 $x^2+x+1=0$을 만족시키는 x에 대하여 $x^{2022}+x^{2021}+x^{2020}$의 값을 구하시오.

12 　🔹비상교육 변형

오른쪽 그림과 같이 밑면의 가로의 길이, 세로의 길이가 각각 15 cm, 10 cm이고 높이가 10 cm인 직육면체 모양의 과자 상자가 있다. 이 과자 상자의 모든 모서리의 길이를 각각 x cm씩 늘여서 처음 부피의 3배인 과자 상자를 만들려고 한다. 이때 x의 값을 구하시오.

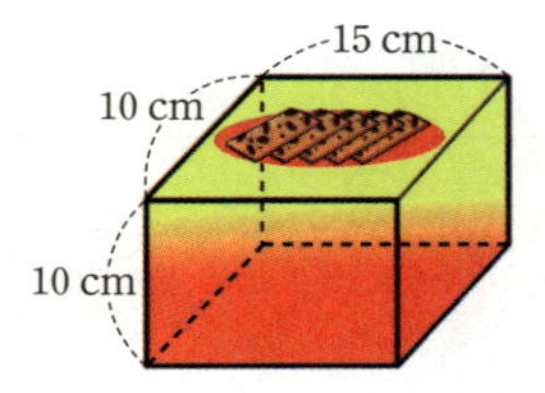

13

연립방정식 $\begin{cases} x-y=1 \\ x^2-2xy+3y^2=3 \end{cases}$의 해 중 x, y의 값이 모두 양수인 것을 $x=a$, $y=b$라 할 때, a^2+b^2의 값을 구하시오.

14

연립방정식 $\begin{cases} x^2+3xy-4y^2=0 \\ x^2+2xy=48 \end{cases}$의 해를 $x=a$, $y=b$라 할 때, $a+b$의 최댓값을 구하시오.

15 　🔹미래엔 변형

오른쪽 그림과 같이 높이가 9 m인 대나무가 지면 위에 똑바로 서 있다가 태풍에 부러져서 그 끝이 지면에 닿았는데, 대나무가 서 있는 지점에서 부러진 끝이 닿은 곳까지의 거리가 3 m였다. 대나무가 부러져서 생긴 두 부분의 길이를 각각 x m, y m라 할 때, xy의 값을 구하시오.

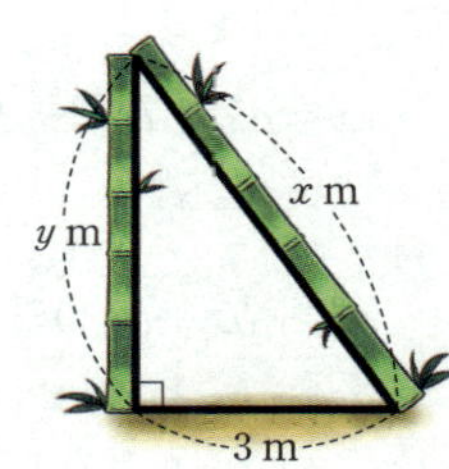

08 여러 가지 부등식

08·1 연립일차부등식

(1) **연립일차부등식의 풀이**
　(ⅰ) 각각의 일차부등식의 해를 구한다.
　(ⅱ) (ⅰ)에서 구한 해를 수직선 위에 나타내어 공통부분을 구한다.
(2) $A < B < C$의 꼴의 부등식
　연립부등식 $\begin{cases} A < B \\ B < C \end{cases}$의 꼴로 고쳐서 푼다.

$A < B < C$의 꼴의 부등식을 $\begin{cases} A < B \\ A < C \end{cases}$ 또는 $\begin{cases} A < C \\ B < C \end{cases}$의 꼴로 고치지 않도록 주의한다.

08·2 절댓값 기호를 포함한 부등식

(1) $a > 0$일 때
　① $|x| < a$의 해는 $-a < x < a$
　② $|x| > a$의 해는 $x < -a$ 또는 $x > a$
(2) 부등식 $|x-a| + |x-b| < c$ $(a < b,\ c > 0)$이면 $x = a$, $x = b$를 기준으로 하여 다음과 같이 x의 값의 범위를 나누어 푼다.
　(ⅰ) $x < a$　　　(ⅱ) $a \le x < b$　　　(ⅲ) $x \ge b$

$0 < a < b$일 때, $a < |x| < b$의 해 $-b < x < -a$ 또는 $a < x < b$

08·3 이차함수의 그래프와 이차부등식의 해

이차함수 $y = ax^2 + bx + c\ (a > 0)$의 그래프가 x축과 만나는 점의 x좌표를 α, $\beta\ (\alpha \le \beta)$, 이차방정식 $ax^2 + bx + c = 0$의 판별식을 D라 하면 이차부등식의 해는 다음과 같다.

	$D > 0$	$D = 0$	$D < 0$
$y = ax^2 + bx + c$의 그래프	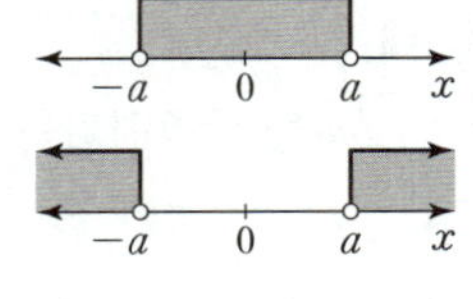		
$ax^2 + bx + c > 0$의 해	$x < \alpha$ 또는 $x > \beta$	$x \ne \alpha$인 모든 실수	모든 실수
$ax^2 + bx + c \ge 0$의 해	$x \le \alpha$ 또는 $x \ge \beta$	모든 실수	모든 실수
$ax^2 + bx + c < 0$의 해	$\alpha < x < \beta$	없다.	없다.
$ax^2 + bx + c \le 0$의 해	$\alpha \le x \le \beta$	$x = \alpha$	없다.

이차함수의 그래프를 이용한 이차부등식의 해
$a > 0$, $\alpha < \beta$일 때, 부등식 $a(x-\alpha)(x-\beta) > 0$의 해
➡ 이차함수 $f(x) = a(x-\alpha)(x-\beta)$의 그래프가 x축보다 위쪽에 있는 x의 값의 범위

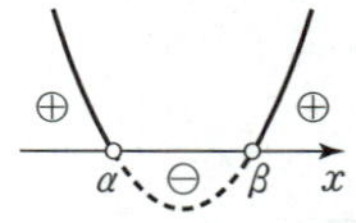

$\therefore x < \alpha$ 또는 $x > \beta$

이차부등식의 작성
① 해가 $\alpha < x < \beta$이고 x^2의 계수가 1인 이차부등식은
　$(x-\alpha)(x-\beta) < 0$, 즉
　$x^2 - (\alpha+\beta)x + \alpha\beta < 0$
② 해가 $x < \alpha$ 또는 $x > \beta$ $(\alpha < \beta)$이고 x^2의 계수가 1인 이차부등식은 $(x-\alpha)(x-\beta) > 0$, 즉
　$x^2 - (\alpha+\beta)x + \alpha\beta > 0$

08·4 연립이차부등식

(1) **연립이차부등식**: 차수가 가장 높은 부등식이 이차부등식인 연립부등식
(2) **연립이차부등식의 풀이**
　각 부등식의 해를 구한 다음 이들의 공통부분을 구하여 푼다.

교과서 유형 흐름잡기

유형 1 | 연립일차부등식

연립부등식 $\begin{cases} 2x-3\geq5 \\ 3x<x+10 \end{cases}$ 의 해가 $a\leq x<b$일 때, $a+b$의 값은?

① 6   ② 7   ③ 8

④ 9   ⑤ 10

Point 연립일차부등식은 각각의 부등식의 해를 구한 다음 이들의 공통부분을 구하여 푼다.

1-1 숫자

연립부등식 $\begin{cases} 3x-1>8 \\ 2x<x+9 \end{cases}$ 의 해가 $a<x<b$일 때, ab의 값을 구하시오.

1-2 표현

연립부등식 $3x-1\leq5x+7\leq2x+16$의 해는?

① $-4\leq x\leq -3$ ② $-4\leq x\leq 3$

③ $-3\leq x\leq 4$ ④ $3\leq x\leq 4$

⑤ $x\geq 4$

유형 2 | 절댓값 기호를 포함한 부등식

부등식 $|3x-2|\leq5$의 해가 $a\leq x\leq b$일 때, $a+b$의 값은?

① $\dfrac{1}{3}$ ② $\dfrac{2}{3}$ ③ 1

④ $\dfrac{4}{3}$ ⑤ $\dfrac{5}{3}$

Point $a>0$일 때, $|x|\leq a$이면 $-a\leq x\leq a$, $|x|\geq a$이면 $x\leq -a$ 또는 $x\geq a$임을 이용하여 부등식을 푼다.

2-1 숫자

부등식 $|4x-3|>9$를 푸시오.

2-2 표현

부등식 $|x|+|x-1|\leq5$의 해가 $a\leq x\leq b$일 때, $b-a$의 값을 구하시오.

이차부등식 $x^2-4x-5<0$의 해가 $a<x<b$일 때, $a+b$의 값은?

① 1   ② 2   ③ 3

④ 4   ⑤ 5

Point $\alpha<\beta$일 때, $(x-\alpha)(x-\beta)<0$이면 $\alpha<x<\beta$이고 $(x-\alpha)(x-\beta)>0$이면 $x<\alpha$ 또는 $x>\beta$임을 이용하여 부등식을 푼다.

3-1 〔숫자〕

이차부등식 $-2x^2+5x+3\leq0$의 해가 $x\leq a$ 또는 $x\geq b$일 때, $b-a$의 값을 구하시오.

3-2 〔표현〕

이차부등식 $ax^2+bx-6>0$의 해가 $x<-3$ 또는 $x>2$일 때, 실수 a, b에 대하여 ab의 값을 구하시오.

모든 실수 x에 대하여 부등식
$$x^2-2kx+k+2>0$$
이 성립하도록 하는 실수 k의 값의 범위가 $a<k<b$일 때, $b-a$의 값은?

① 1   ② 2   ③ 3

④ 4   ⑤ 5

Tip 모든 실수 x에 대하여 부등식 $ax^2+bx+c>0$이 성립할 조건은 $a>0$, $D<0$임을 이용한다.

4-1 〔숫자〕

모든 실수 x에 대하여 부등식
$$x^2+kx+4>0$$
이 성립하도록 하는 실수 k의 값의 범위를 구하시오.

4-2 〔표현〕

모든 실수 x에 대하여 부등식
$$-x^2+2(k+2)x-2(k+6)<0$$
이 성립하도록 하는 실수 k의 값의 범위를 구하시오.

⭐ **유형 5** | 두 그래프의 위치 관계와 이차부등식

이차함수 $y=3x^2-4x-5$의 그래프가 이차함수 $y=x^2+x+7$의 그래프보다 아래쪽에 있는 부분의 x의 값의 범위가 $a<x<b$일 때, $a+b$의 값은?

① $\dfrac{1}{2}$ ② 1 ③ $\dfrac{3}{2}$

④ 2 ⑤ $\dfrac{5}{2}$

Tip 함수 $y=f(x)$의 그래프가 함수 $y=g(x)$의 그래프보다 위쪽에 있는 부분의 x의 값의 범위는 부등식 $f(x)>g(x)$의 해와 같다.

5-1 숫자

이차함수 $y=2x^2-5x-4$의 그래프가 이차함수 $y=x^2-2x+14$의 그래프보다 아래쪽에 있는 부분의 x의 값의 범위를 구하시오.

5-2 표현

이차함수 $y=x^2-2ax+4$의 그래프가 직선 $y=-4x+a$보다 위쪽에 있는 부분의 x의 값의 범위가 $x<-5$ 또는 $x>-1$일 때, 상수 a의 값을 구하시오.

유형 6 | 연립이차부등식

연립부등식 $\begin{cases} x^2-2x-8\geq0 \\ 2x^2-13x+6<0 \end{cases}$ 의 해가 $a\leq x<b$일 때, $a+b$의 값은?

① 6 ② 7 ③ 8

④ 9 ⑤ 10

Point 각 부등식의 해를 구한 다음 공통부분을 구한다.

6-1 숫자

연립부등식 $\begin{cases} x^2+3x-10<0 \\ 2x^2+5x-3\geq0 \end{cases}$ 을 푸시오.

6-2 표현

연립부등식 $\begin{cases} x^2-x-12<0 \\ |x-2|\geq1 \end{cases}$ 을 푸시오.

교과서 문제 정복하기

01

연립부등식 $\begin{cases} 3x-4 \geq 5 \\ 2x-3 < x+2 \end{cases}$ 의 해는?

① $1 \leq x < 3$ 　　② $2 \leq x < 4$

③ $3 \leq x < 5$ 　　④ $4 \leq x < 6$

⑤ $5 \leq x < 7$

02

연립부등식 $\begin{cases} 2x > x+a \\ 5(x-1) < 3(x+3) \end{cases}$ 의 해가 $3 < x < 7$일 때, 실수 a의 값을 구하시오.

03

부등식 $|2x-5| > 7$의 해가 $x < -1$ 또는 $x > a$일 때, 실수 a의 값을 구하시오.

04

부등식 $|x+a| \leq 9$의 해가 $b \leq x \leq 2$일 때, $a-b$의 값은? (단, a는 실수이다.)

① 19 　　② 20 　　③ 21

④ 22 　　⑤ 23

05 ★

부등식 $2|x+1| \geq 3|x-2|+1$을 만족시키는 정수 x의 개수는?

① 4 　　② 5 　　③ 6

④ 7 　　⑤ 8

06 　미래엔 변형

오른쪽 표는 금속의 불꽃 반응에서 금속이 방출하는 빛의 파장에 따른 불꽃색을 나타낸 것이다. 나트륨(Na)이 불꽃 반응에서 방출하는 빛의 파장 a nm(나노미터)에 대하여 $|a-580| < 10$이 성립할 때, 나트륨의 불꽃 반응에서 나타나는 불꽃색을 말하시오.

파장에 따른 불꽃색

파장(nm)	색
$400 \leq a < 450$	보라
$450 \leq a < 500$	파랑
$500 \leq a < 570$	초록
$570 \leq a < 590$	노랑
$590 \leq a < 610$	주황
$610 \leq a < 700$	빨강

07

이차부등식 $x^2-5x+6 \leq 0$을 만족시키는 모든 정수 x의 값의 합을 구하시오.

08

이차부등식 $x^2+ax+b < 0$의 해가 $-4 < x < 6$일 때, 실수 a, b에 대하여 $a+b$의 값은?

① -26 　　② -24 　　③ -22

④ -20 　　⑤ -18

09

이차부등식 $x^2+ax+b\le 0$의 해가 $x=2$뿐일 때, 실수 a, b에 대하여 a^2+b^2의 값은?

① 4 ② 8 ③ 16
④ 32 ⑤ 64

10

이차부등식 $(k-2)x^2-2(k-2)x+3\le 0$의 해가 오직 한 개 존재하도록 하는 실수 k의 값을 구하시오.

★ 11

모든 실수 x에 대하여 부등식
$$x^2+2(k+1)x+2k^2+3k-11\ge 0$$
이 성립하도록 하는 실수 k의 값의 범위가 $k\le a$ 또는 $k\ge b$일 때, $b-a$의 값을 구하시오.

12

이차함수 $y=x^2-ax$의 그래프가 직선 $y=a$보다 항상 위쪽에 있도록 하는 정수 a의 개수를 구하시오.

13

연립부등식 $\begin{cases} x^2-5x-6\le 0 \\ x^2+2x-3>0 \end{cases}$ 을 푸시오.

14

연립부등식 $\begin{cases} x^2-x-6\le 0 \\ (x-1)(x-a)\le 0 \end{cases}$ 을 만족시키는 정수 x의 개수가 2가 되도록 하는 실수 a의 값의 범위를 구하시오.

15 ·비상교육 변형

어느 식당에서 식재료인 배추를 직접 재배하기 위하여 둘레의 길이가 54 m이고, 넓이가 126 m² 이상인 직사각형 모양의 배추밭을 만들려고 한다. 배추밭의 가로의 길이가 세로의 길이보다 길 때, 가로의 길이의 최댓값을 구하시오.

되짚어 보기

01 다음 직각삼각형에서 x의 값을 구하시오.

(1) 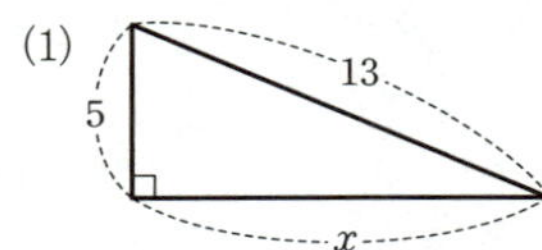

(2) 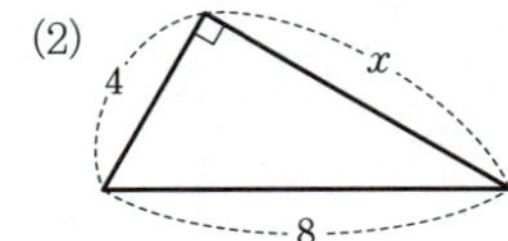

02 다음 직선의 기울기, x절편, y절편을 각각 구하시오.

(1) $y=\dfrac{3}{4}x-3$

(2) $3x-y-12=0$

03 다음 일차함수의 그래프 중에서 서로 평행한 것을 모두 찾으시오.

(1) $y=2x$

(2) $y=-2x+1$

(3) $2x+y=\dfrac{1}{2}$

(4) $y=2x-2$

04 이차방정식 $x^2-ax+4=0$이 다음과 같은 근을 갖도록 하는 실수 a의 값 또는 그 범위를 구하시오.

(1) 서로 다른 두 실근

(2) 중근

(3) 서로 다른 두 허근

05 다음 그림에서 x의 값을 구하시오.

(1) 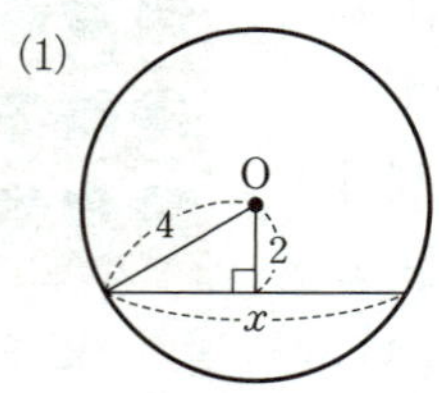

(2) 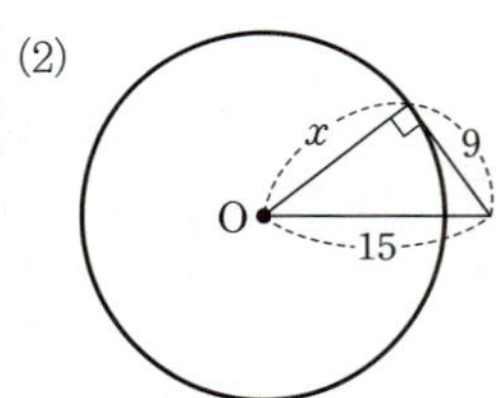

06 다음 □ 안에 알맞은 수를 써넣으시오.

이차함수 $y=2(x+5)^2-1$의 그래프는 이차함수 $y=2x^2$의 그래프를 x축의 방향으로 □만큼, y축의 방향으로 □만큼 평행이동한 것이다.

III

도형의 방정식

배운 내용

중학교 1학년
▶ 좌표평면과 그래프
▶ 기본 도형
▶ 평면도형의 성질

중학교 2학년
▶ 일차함수와 그래프
▶ 일차함수와 일차방정식의 관계
▶ 피타고라스 정리

중학교 3학년
▶ 이차방정식
▶ 이차함수와 그래프
▶ 원의 성질

수학
▶ 이차방정식과 이차함수

학습 내용

09 평면좌표

10 직선의 방정식

11 원의 방정식

12 도형의 이동

배울 내용

수학
▶ 유리함수와 무리함수

수학 I
▶ 지수함수와 로그함수
▶ 삼각함수

수학 II
▶ 도함수의 활용

미적분
▶ 도함수의 활용

09 평면좌표

09·1   두 점 사이의 거리

(1) **수직선 위의 두 점 사이의 거리**

수직선 위의 두 점 $A(x_1)$, $B(x_2)$ 사이의 거리는
$$\overline{AB}=|x_2-x_1|$$

(2) **좌표평면 위의 두 점 사이의 거리**

좌표평면 위의 두 점 $A(x_1,\ y_1)$, $B(x_2,\ y_2)$ 사이의 거리는
$$\overline{AB}=\sqrt{(x_2-x_1)^2+(y_2-y_1)^2}$$

09·2   선분의 내분점과 외분점

(1) **수직선 위의 선분의 내분점과 외분점**

수직선 위의 두 점 $A(x_1)$, $B(x_2)$를 잇는 선분 AB를 $m:n\ (m>0,\ n>0)$으로 내분하는 점 P, 외분하는 점 Q의 좌표는
$$P\!\left(\frac{mx_2+nx_1}{m+n}\right),\ Q\!\left(\frac{mx_2-nx_1}{m-n}\right)\ (\text{단},\ m\neq n)$$

특히 선분 AB의 중점 M의 좌표는 $M\!\left(\dfrac{x_1+x_2}{2}\right)$

(2) **좌표평면 위의 선분의 내분점과 외분점**

좌표평면 위의 두 점 $A(x_1,\ y_1)$, $B(x_2,\ y_2)$를 잇는 선분 AB를 $m:n\ (m>0,\ n>0)$으로 내분하는 점 P, 외분하는 점 Q의 좌표는
$$P\!\left(\frac{mx_2+nx_1}{m+n},\ \frac{my_2+ny_1}{m+n}\right),\ Q\!\left(\frac{mx_2-nx_1}{m-n},\ \frac{my_2-ny_1}{m-n}\right)\ (\text{단},\ m\neq n)$$

특히 선분 AB의 중점 M의 좌표는 $M\!\left(\dfrac{x_1+x_2}{2},\ \dfrac{y_1+y_2}{2}\right)$

09·3   삼각형의 무게중심

좌표평면 위의 세 점 $A(x_1,\ y_1)$, $B(x_2,\ y_2)$, $C(x_3,\ y_3)$을 꼭짓점으로 하는 삼각형 ABC의 무게중심 G의 좌표는
$$G\!\left(\frac{x_1+x_2+x_3}{3},\ \frac{y_1+y_2+y_3}{3}\right)$$

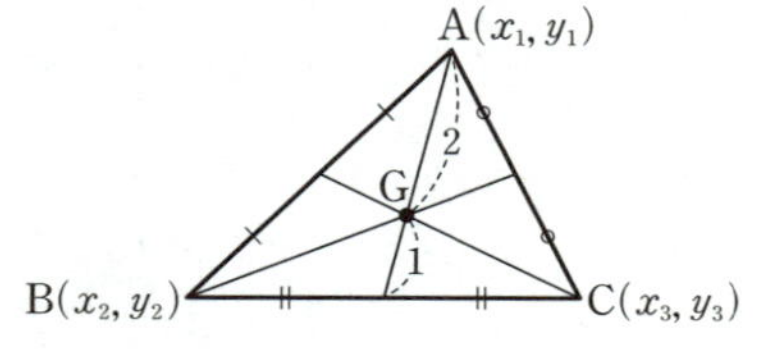

개념 플러스

⊕ 좌표평면 위의 원점 $O(0,\ 0)$과 점 $A(x_1,\ y_1)$ 사이의 거리는
$$\overline{OA}=\sqrt{{x_1}^2+{y_1}^2}$$

⊕ $m\neq n$인 두 양수 m, n에 대하여 선분 AB를 $m:n$으로 내분(외분)하는 점과 선분 BA를 $m:n$으로 내분(외분)하는 점은 다르다.

⊕ 선분을 $1:1$로 외분하는 점은 존재하지 않는다.

교과서 유형 흐름잡기

유형 1 | 두 점 사이의 거리

두 점 $A(3, 4)$, $B(a, 1)$ 사이의 거리가 $\sqrt{13}$일 때, 모든 실수 a의 값의 합은?

① 2   ② 3   ③ 4
④ 5   ⑤ 6

> **Point** 두 점 $A(x_1, y_1)$, $B(x_2, y_2)$ 사이의 거리가 $\overline{AB}=\sqrt{(x_2-x_1)^2+(y_2-y_1)^2}$ 임을 이용한다.

1-1 숫자

두 점 $A(-2, 1)$, $B(1, a)$ 사이의 거리가 $3\sqrt{2}$일 때, 양수 a의 값을 구하시오.

1-2 표현

두 점 $A(-2, 3)$, $B(4, 5)$로부터 같은 거리에 있는 x축 위의 점 P의 좌표를 구하시오.

★ 유형 2 | 선분의 내분점

두 점 $A(3, -2)$, $B(6, 1)$에 대하여 선분 AB를 $1:2$로 내분하는 점의 좌표를 (a, b)라 할 때, $a+b$의 값은?

① 1   ② 2   ③ 3
④ 4   ⑤ 5

> **Point** 두 점 $A(x_1, y_1)$, $B(x_2, y_2)$를 잇는 선분 AB를 $m:n$으로 내분하는 점의 좌표가 $\left(\dfrac{mx_2+nx_1}{m+n}, \dfrac{my_2+ny_1}{m+n}\right)$ 임을 이용한다.

2-1 숫자

두 점 $A(-2, 4)$, $B(2, 8)$에 대하여 선분 AB를 $1:3$으로 내분하는 점의 좌표를 (a, b)라 할 때, ab의 값을 구하시오.

2-2 표현

두 점 $A(-2, a)$, $B(b, 9)$에 대하여 선분 AB를 $2:3$으로 내분하는 점의 좌표가 $(0, 0)$일 때, a^2+b^2의 값은?

① 18   ② 27   ③ 36
④ 45   ⑤ 54

⭐ 유형 **3** | 선분의 외분점

두 점 $A(1, 5)$, $B(4, 3)$에 대하여 선분 AB를 $2 : 1$로 외분하는 점의 좌표를 (a, b)라 할 때, $a+b$의 값은?

① 6　　　　　　　② 7　　　　　　　③ 8
④ 9　　　　　　　⑤ 10

> **Point** 두 점 $A(x_1, y_1)$, $B(x_2, y_2)$를 잇는 선분 AB를 $m : n$으로 외분하는 점의 좌표가 $\left(\dfrac{mx_2-nx_1}{m-n}, \dfrac{my_2-ny_1}{m-n} \right)$ 임을 이용한다. (단, $m \neq n$)

3-1 숫자

두 점 $A(5, -4)$, $B(3, -2)$에 대하여 선분 AB를 $3 : 2$로 외분하는 점의 좌표를 (a, b)라 할 때, $b-a$의 값은?

① 2　　　　　② 3　　　　　③ 4
④ 5　　　　　⑤ 6

3-2 표현

두 점 $A(-2, 6)$, $B(-3, a)$를 잇는 선분 AB를 $2 : b$로 외분하는 점의 좌표가 $(0, 0)$일 때, ab의 값을 구하시오.

유형 **4** | 삼각형의 무게중심

세 점 $A(2, -1)$, $B(3, 4)$, $C(4, 6)$을 꼭짓점으로 하는 삼각형 ABC의 무게중심의 좌표를 (a, b)라 할 때, $a+b$의 값은?

① 4　　　　　　　② 5　　　　　　　③ 6
④ 7　　　　　　　⑤ 8

> **Point** 세 점 $A(x_1, y_1)$, $B(x_2, y_2)$, $C(x_3, y_3)$을 꼭짓점으로 하는 삼각형 ABC의 무게중심의 좌표가 $\left(\dfrac{x_1+x_2+x_3}{3}, \dfrac{y_1+y_2+y_3}{3} \right)$ 임을 이용한다.

4-1 숫자

세 점 $A(-3, 5)$, $B(2, -4)$, $C(4, 8)$을 꼭짓점으로 하는 삼각형 ABC의 무게중심의 좌표를 (a, b)라 할 때, $a-b$의 값을 구하시오.

4-2 표현

세 점 $A(a, 5)$, $B(2, -3)$, $C(4, b)$에 대하여 삼각형 ABC의 무게중심의 좌표가 $(3, 1)$일 때, a^2+b^2의 값을 구하시오.

교과서 문제 정복하기

01

두 점 $A(-2, 0)$, $B(0, 5)$에 대하여 선분 AB의 길이를 l 이라 할 때, l^2의 값을 구하시오.

★ 02

두 점 $A(-4, 3)$, $B(2, -5)$로부터 같은 거리에 있는 y축 위의 점 P의 좌표를 구하시오.

03 ╲ 지학사 변형

공원에서 동쪽으로 3 km를 간 후, 북쪽으로 2 km를 가면 백화점이 있고, 공원에서 북서쪽으로 $\sqrt{2}$ km를 가면 학교가 있다고 한다. 백화점과 학교 사이의 직선 거리를 구하시오.

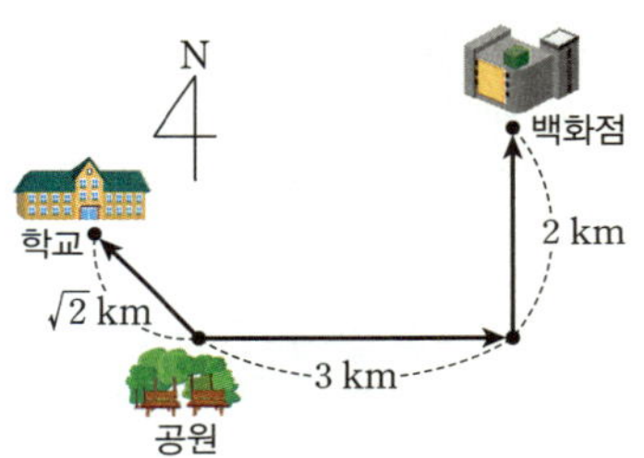

04

두 점 $A(8, 4)$, $B(2, -5)$에 대하여 선분 AB를 $2:1$로 내분하는 점의 좌표를 (a, b)라 할 때, ab의 값을 구하시오.

05

두 점 $A(-3, -5)$, $B(4, a)$에 대하여 선분 AB를 $5:2$ 로 내분하는 점 P의 좌표가 $(b, 0)$일 때, $a+b$의 값을 구하시오.

06

두 점 $A(3, -4)$, $B(-5, 2)$에 대하여 선분 AB를 $4:3$ 으로 외분하는 점의 좌표를 (a, b)라 할 때, $b-a$의 값을 구하시오.

07

두 점 $A(0, 4)$, $B(2, 6)$에 대하여 선분 AB를 $3:1$로 외분하는 점과 원점 사이의 거리를 구하시오.

08

세 점 $A(5, 2)$, $B(3, -4)$, $C(4, -7)$에 대하여 삼각형 ABC의 무게중심의 좌표가 (a, b)일 때, $a+b$의 값을 구하시오.

10 직선의 방정식

10·1 직선의 방정식

(1) 점 (x_1, y_1)을 지나고 기울기가 m인 직선의 방정식은
$$y-y_1=m(x-x_1)$$
(2) 서로 다른 두 점 (x_1, y_1), (x_2, y_2)를 지나는 직선의 방정식은

① $x_1 \neq x_2$일 때, $y-y_1=\dfrac{y_2-y_1}{x_2-x_1}(x-x_1)$

② $x_1 = x_2$일 때, $x=x_1$

(3) x절편이 a, y절편이 b인 직선의 방정식은
$$\frac{x}{a}+\frac{y}{b}=1 \ (\text{단, } a \neq 0,\ b \neq 0)$$

개념 플러스

➕ **좌표축에 평행한 직선의 방정식**
점 (x_1, y_1)을 지나고
① x축에 평행한 직선의 방정식은
$$y=y_1 \ (\text{단, } y_1 \neq 0)$$
② y축에 평행한 직선의 방정식은
$$x=x_1 \ (\text{단, } x_1 \neq 0)$$

10·2 두 직선의 위치 관계

두 직선의 위치 관계	평행	일치	수직	만나는 점이 한 개
조건	두 직선의 기울기가 같고 y절편이 다르다.	두 직선의 기울기와 y절편이 같다.	두 직선의 기울기의 곱이 -1이다.	두 직선의 기울기가 다르다.
$\begin{cases} y=mx+n \\ y=m'x+n' \end{cases}$	$m=m'$ $n \neq n'$	$m=m'$ $n=n'$	$mm'=-1$	$m \neq m'$
$\begin{cases} ax+by+c=0 \\ a'x+b'y+c'=0 \end{cases}$	$\dfrac{a}{a'}=\dfrac{b}{b'}\neq\dfrac{c}{c'}$	$\dfrac{a}{a'}=\dfrac{b}{b'}=\dfrac{c}{c'}$	$aa'+bb'=0$	$\dfrac{a}{a'}\neq\dfrac{b}{b'}$

➕ x, y에 대한 일차방정식
$$ax+by+c=0\,(a\neq 0 \text{ 또는 } b\neq 0)$$
은 직선의 방정식을 나타낸다.

10·3 두 직선의 교점을 지나는 직선의 방정식

(1) 직선 $(ax+by+c)+k(a'x+b'y+c')=0$은 실수 k의 값에 관계없이 두 직선
$$ax+by+c=0,\ a'x+b'y+c'=0$$
의 교점을 지나는 직선이다.
(2) 두 직선 $ax+by+c=0$, $a'x+b'y+c'=0$의 교점을 지나는 직선 중에서 직선
$a'x+b'y+c'=0$을 제외한 직선의 방정식은
$$ax+by+c+k(a'x+b'y+c')=0 \ (\text{단, } k\text{는 실수})$$

10·4 점과 직선 사이의 거리

점 (x_1, y_1)과 직선 $ax+by+c=0 \ (a \neq 0 \text{ 또는 } b \neq 0)$ 사이의 거리 d는
$$d=\frac{|ax_1+by_1+c|}{\sqrt{a^2+b^2}}$$

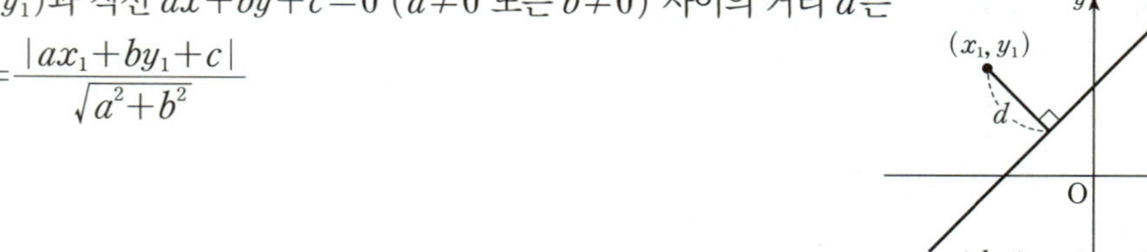

➕ 원점 O와 직선 $ax+by+c=0$ 사이의 거리 d는
$$d=\frac{|c|}{\sqrt{a^2+b^2}}$$

교과서 유형 흐름잡기

★ 유형 1 | 직선의 방정식

기울기가 2이고 점 $(1, 3)$을 지나는 직선의 y절편은?

① 1　　　　② 2　　　　③ 3
④ 4　　　　⑤ 5

Point 점 (x_1, y_1)을 지나고 기울기가 m인 직선의 방정식은 $y-y_1=m(x-x_1)$임을 이용한다.

1-1 숫자

기울기가 -3이고 점 $(2, 6)$을 지나는 직선의 x절편을 구하시오.

1-2 표현

두 점 $(-2, 1)$, $(-1, 5)$를 지나는 직선의 방정식이 $ax-y+b=0$일 때, 상수 a, b에 대하여 $a+b$의 값을 구하시오.

유형 2 | 계수의 부호와 그래프의 개형

$ac<0$, $bc>0$일 때, 직선 $ax+by+c=0$이 지나는 사분면은?

① 제1, 2, 3사분면　　② 제1, 2, 4사분면　　③ 제1, 3, 4사분면
④ 제2, 3, 4사분면　　⑤ 제3, 4사분면

Tip $y=-\dfrac{a}{b}x-\dfrac{c}{b}$ 꼴로 변형하여 기울기와 y절편의 부호를 구한다.

2-1 숫자

$ab>0$, $bc<0$일 때, 직선 $ax+by+c=0$이 지나는 사분면을 모두 구하시오.

2-2 표현

직선 $ax+by+c=0$이 오른쪽 그림과 같을 때, 직선 $cx+by+a=0$이 지나는 사분면을 모두 구하시오.
(단, a, b, c는 상수이다.)

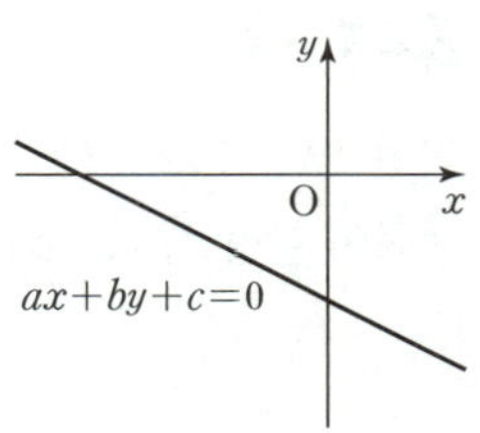

두 직선 $y=(a^2-6)x-a$, $y=ax+2$가 서로 평행할 때, 상수 a의 값은?

① 1   ② 2   ③ 3
④ 4   ⑤ 5

Tip 평행한 두 직선은 기울기가 같고, y절편이 다름을 이용한다.

3-1 숫자

두 직선 $y=(a^2+2)x+5$, $y=3ax+a+4$가 서로 평행할 때, 상수 a의 값을 구하시오.

3-2 표현

두 직선 $ax-3y-5=0$, $(a-2)x+(a+2)y+2=0$이 서로 수직일 때, 모든 실수 a의 값의 합을 구하시오.

직선 $(k+1)x+(3k+2)y-2k-4=0$이 모든 실수 k에 대하여 항상 점 (a, b)를 지날 때, $a+b$의 값은?

① 4   ② 5   ③ 6
④ 7   ⑤ 8

Tip 직선
$$ax+by+c+k(a'x+b'y+c')=0$$
이 실수 k의 값에 관계없이 항상 지나는 점의 좌표는 연립방정식 $\begin{cases} ax+by+c=0 \\ a'x+b'y+c'=0 \end{cases}$ 의 해와 같다.

4-1 숫자

직선 $(k+1)x+(2k-3)y-6k+4=0$이 모든 실수 k에 대하여 항상 점 (a, b)를 지날 때, ab의 값을 구하시오.

4-2 표현

직선 $(2k+1)x+(k-3)y+5k-1=0$이 실수 k의 값에 관계없이 항상 점 P를 지날 때, 원점과 점 P 사이의 거리는?

① 2   ② $\sqrt{5}$ ③ $\sqrt{6}$
④ $\sqrt{7}$ ⑤ $2\sqrt{2}$

유형 5 │ 점과 직선 사이의 거리

점 $(1, 2)$와 직선 $4x-3y+7=0$ 사이의 거리는?

① $\dfrac{1}{2}$　　　　② 1　　　　③ $\dfrac{3}{2}$

④ 2　　　　⑤ $\dfrac{5}{2}$

Point 점 (x_1, y_1)과 직선 $ax+by+c=0$ 사이의 거리는
$$\dfrac{|ax_1+by_1+c|}{\sqrt{a^2+b^2}}$$
이다.

5-1 [숫자]

점 $(2, -1)$과 직선 $3x+4y+13=0$ 사이의 거리를 구하시오.

5-2 [표현]

점 $(4, 2)$와 직선 $5x-12y+a=0$ 사이의 거리가 2일 때, 양수 a의 값을 구하시오.

유형 6 │ 평행한 두 직선 사이의 거리

두 직선 $3x-4y+7=0$, $3x-4y+10=0$ 사이의 거리는?

① $\dfrac{1}{5}$　　　　② $\dfrac{2}{5}$　　　　③ $\dfrac{3}{5}$

④ $\dfrac{4}{5}$　　　　⑤ 1

Tip 평행한 두 직선 l, m 사이의 거리는 직선 l 위의 한 점과 직선 m 사이의 거리와 같다.

6-1 [숫자]

두 직선 $x-\sqrt{3}y+4=0$, $x-\sqrt{3}y+8=0$ 사이의 거리를 구하시오.

6-2 [표현]

두 직선 $x-y+5=0$, $x-y+k=0$ 사이의 거리가 $3\sqrt{2}$일 때, 양수 k의 값을 구하시오.

01

기울기가 3이고 점 $(2, 5)$를 지나는 직선이 점 $(1, a)$를 지날 때, a의 값을 구하시오.

02 ★

좌표평면에서 두 점 $(-3, -5)$, $(2, 5)$를 지나는 직선이 점 $(a, 9)$를 지날 때, a의 값을 구하시오.

03

x절편이 3, y절편이 4인 직선의 방정식이 $4x+ay+b=0$일 때, 상수 a, b에 대하여 ab의 값을 구하시오.

04 　동아출판 변형

오른쪽 그림은 불국사에 있는 통일신라시대의 화강석 석교를 좌표평면 위에 나타낸 것이다. 직선 l의 기울기가 $\dfrac{4}{7}$이고  직선 l 위의 점 A의 좌표가 $(4, 3)$일 때, 직선 l의 방정식을 구하시오.

05

$ab<0$, $bc<0$일 때, 직선 $ax+by+c=0$의 개형은?

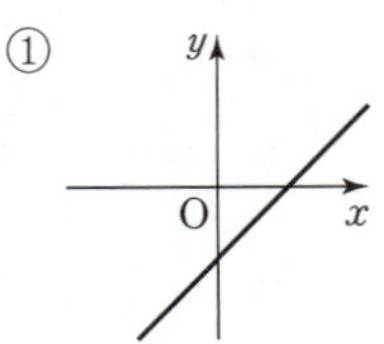
①

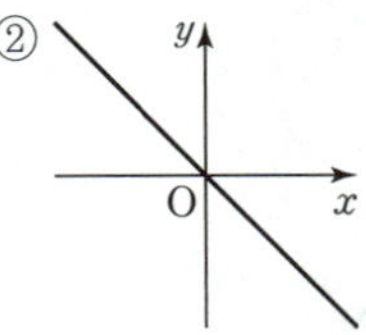
②

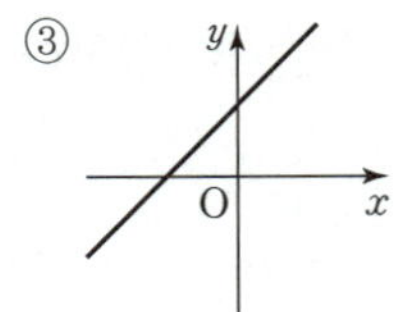
③

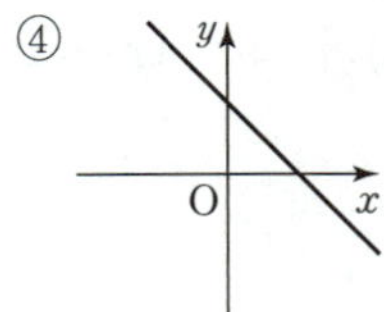
④

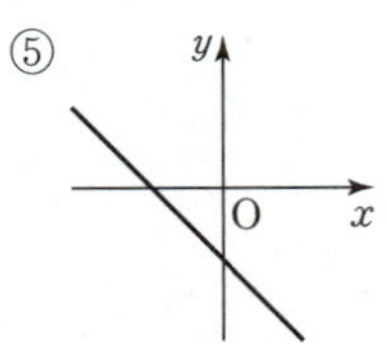
⑤

06

두 직선 $kx-2y+4=0$, $x+y+3=0$이 서로 평행할 때, 상수 k의 값을 구하시오.

07

두 직선 $ax-6y+1=0$, $(a+1)x+y+3=0$이 서로 수직일 때, 양수 a의 값을 구하시오.

08

직선 $mx-y-1=0$이 직선 $nx-3y+2=0$과는 수직이고, 직선 $(n+3)x+y+5=0$과는 평행할 때, m^2+n^2의 값을 구하시오. (단, m, n은 상수이다.)

09

직선 $(3k-2)x+(k+1)y-2k+8=0$이 실수 k의 값에 관계없이 항상 점 P를 지날 때, 점 P의 좌표를 구하시오.

10

직선 $2(k+2)x-(k+1)y+5k+3=0$이 모든 실수 k에 대하여 항상 점 P를 지날 때, 원점과 점 P 사이의 거리를 구하시오.

11

점 $(1, -2)$와 직선 $4x-3y+5=0$ 사이의 거리를 구하시오.

12

점 $(1, 1)$과 직선 $3x-4y+a=0$ 사이의 거리가 2일 때, 양수 a의 값을 구하시오.

13 · 천재교과서 변형

오른쪽 그림과 같이 바다 위 지점 P에 떠 있는 배에서 내려 해안선 $\overline{AB}$까지 수영해서 이동한다고 할 때, 수영해서 이동해야 하는 최소 거리를 구하시오.

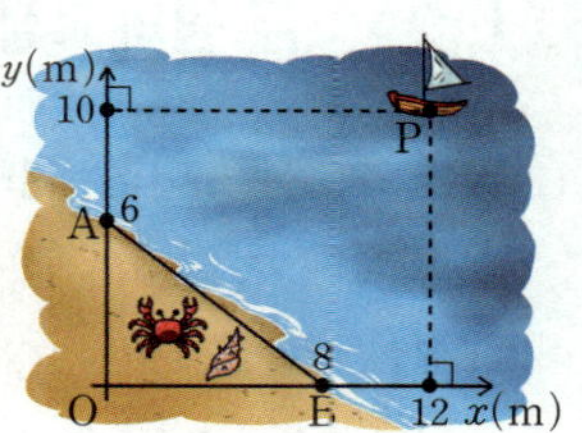

14

두 직선 $x-2y+4=0$, $x-2y+7=0$ 사이의 거리를 구하시오.

15

두 직선 $3x-4y-9=0$, $3x-4y+k=0$ 사이의 거리가 k일 때, 양수 k의 값을 구하시오.

11 원의 방정식

11·1 원의 방정식

(1) 원의 방정식

중심이 $C(a, b)$이고 반지름의 길이가 r인 원의 방정식은
$$(x-a)^2+(y-b)^2=r^2$$

(2) 이차방정식 $x^2+y^2+Ax+By+C=0$이 나타내는 도형

x, y에 대한 이차방정식 $x^2+y^2+Ax+By+C=0 \ (A^2+B^2-4C>0)$은

중심: $\left(-\dfrac{A}{2}, \ -\dfrac{B}{2}\right)$, 반지름의 길이: $\dfrac{\sqrt{A^2+B^2-4C}}{2}$

인 원을 나타낸다.

11·2 두 원의 교점을 지나는 원과 직선의 방정식

(1) 두 원의 교점을 지나는 원의 방정식

서로 다른 두 점에서 만나는 두 원 $x^2+y^2+ax+by+c=0$, $x^2+y^2+a'x+b'y+c'=0$의 교점을 지나는 원의 방정식은
$$x^2+y^2+ax+by+c+k(x^2+y^2+a'x+b'y+c')=0 \ (단, k\neq-1)$$

(2) 두 원의 교점을 지나는 직선의 방정식 (공통인 현의 방정식)

서로 다른 두 점에서 만나는 두 원 $x^2+y^2+ax+by+c=0$, $x^2+y^2+a'x+b'y+c'=0$의 교점을 지나는 직선의 방정식은
$$x^2+y^2+ax+by+c-(x^2+y^2+a'x+b'y+c')=0$$

11·3 원과 직선의 위치 관계

(1) 원의 방정식과 직선의 방정식에서 한 문자를 소거하여 얻은 이차 방정식의 판별식을 D라 할 때, 원과 직선의 위치 관계는 다음과 같다.

① $D>0$이면 서로 다른 두 점에서 만난다.
② $D=0$이면 한 점에서 만난다. (접한다.)
③ $D<0$이면 만나지 않는다.

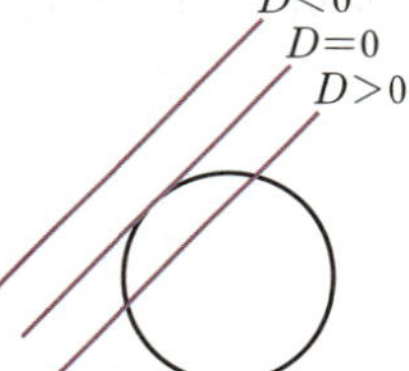

(2) 반지름의 길이가 r인 원의 중심과 직선 사이의 거리를 d라 할 때, 원과 직선의 위치 관계는 다음과 같다.

① $d<r$이면 서로 다른 두 점에서 만난다.
② $d=r$이면 한 점에서 만난다. (접한다.)
③ $d>r$이면 만나지 않는다.

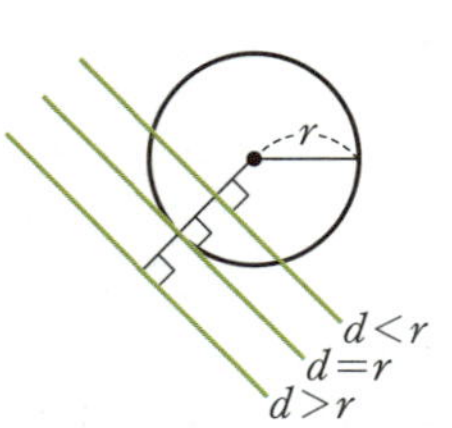

11·4 원의 접선의 방정식

(1) 원 $x^2+y^2=r^2 \ (r>0)$에 접하고 기울기가 m인 직선의 방정식은
$$y=mx\pm r\sqrt{m^2+1}$$

(2) 원 $x^2+y^2=r^2$ 위의 점 (x_1, y_1)에서의 접선의 방정식은
$$x_1x+y_1y=r^2$$

개념 플러스

중심이 원점이고 반지름의 길이가 r인 원의 방정식은
$$x^2+y^2=r^2$$

축에 접하는 원의 방정식
① x축에 접하는 원의 방정식은
$$(x-a)^2+(y-b)^2=b^2$$
② y축에 접하는 원의 방정식은
$$(x-a)^2+(y-b)^2=a^2$$
③ x축, y축에 동시에 접하는 원의 방정식은
$$(x\pm a)^2+(y\pm a)^2=a^2$$

두 원의 교점을 지나는 원의 방정식에서 $k=-1$이면 두 원의 교점을 지나는 공통인 현의 방정식이 된다.

한 원에서 기울기가 같은 접선은 두 개이다.

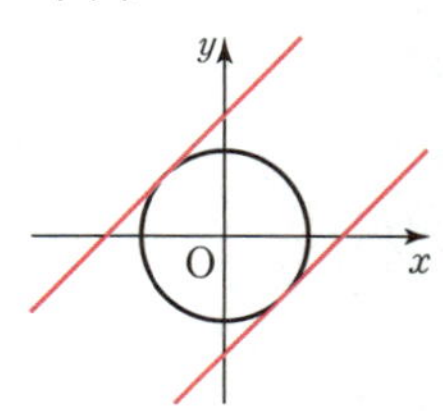

교과서 유형 흐름잡기

중심이 $(2, 4)$이고 점 $(-1, 2)$를 지나는 원의 방정식이 $(x-a)^2+(y-b)^2=r^2$일 때, 상수 a, b, r에 대하여 $a^2+b^2+r^2$의 값은? (단, $r>0$)

① 31   ② 32   ③ 33

④ 34   ⑤ 35

Point 중심이 $C(a, b)$이고 반지름의 길이가 r인 원의 방정식은
$$(x-a)^2+(y-b)^2=r^2$$

1-1 [숫자]

중심이 $(3, -2)$이고 점 $(6, 2)$를 지나는 원의 방정식이 $(x-a)^2+(y-b)^2=r^2$일 때, 상수 a, b, r에 대하여 $a+b+r$의 값을 구하시오. (단, $r>0$)

1-2 [표현]

중심이 x축 위에 있고, 두 점 $(1, 3)$, $(0, 4)$를 지나는 원의 방정식을 구하시오.

중심이 $(-1, 4)$이고 x축에 접하는 원의 방정식이 $(x-a)^2+(y-b)^2=r^2$일 때, 상수 a, b, r에 대하여 $a+b+r$의 값은? (단, $r>0$)

① 6   ② 7   ③ 8

④ 9   ⑤ 10

Point 중심이 (a, b)일 때, x축에 접하는 원의 방정식은
$$(x-a)^2+(y-b)^2=b^2,$$
y축에 접하는 원의 방정식은
$$(x-a)^2+(y-b)^2=a^2$$
이다.

2-1 [숫자]

중심이 $(-3, 2)$이고 y축에 접하는 원의 방정식이 $(x-a)^2+(y-b)^2=r^2$일 때, 상수 a, b, r에 대하여 abr의 값을 구하시오. (단, $r>0$)

2-2 [표현]

점 $(3, 0)$에서 x축에 접하고 점 $(7, 2)$를 지나는 원의 방정식은?

① $(x-5)^2+y^2=8$

② $(x-5)^2+(y-3)^2=5$

③ $(x-3)^2+(y-5)^2=25$

④ $(x-3)^2+(y+5)^2=65$

⑤ $(x+3)^2+(y-5)^2=109$

두 원
$$x^2+y^2-4x=0,\ x^2+y^2-2x+4y+3=0$$
이 서로 다른 두 점에서 만날 때, 이 두 점을 지나는 직선의 방정식을 $2x+ay+b=0$이라 하자. 상수 a, b에 대하여 $a+b$의 값은?

① 3 　　　② 4 　　　③ 5

④ 6 　　　⑤ 7

Tip 두 원의 교점을 지나는 직선의 방정식은 두 원의 방정식을 연립하여 x^2항과 y^2항을 소거하여 구한다.

3-1 　숫자

두 원
$$x^2+y^2-2x-2y=0,\ x^2+y^2-3x+y-5=0$$
이 서로 다른 두 점에서 만날 때, 이 두 점을 지나는 직선의 방정식을 $x+ay+b=0$이라 하자. 상수 a, b에 대하여 ab의 값을 구하시오.

3-2 　표현

서로 다른 두 점에서 만나는 두 원
$$x^2+y^2-2x-3=0,\ x^2+y^2-6y-5=0$$
의 두 교점과 점 $(2, 0)$을 지나는 원의 방정식이 $x^2+y^2+ax+by+c=0$일 때, 상수 a, b, c에 대하여 $a+b+c$의 값을 구하시오.

원 $x^2+y^2=9$와 직선 $y=\sqrt{3}x+k$가 한 점에서 만날 때, 양수 k의 값은?

① 6 　　　② 7 　　　③ 8

④ 9 　　　⑤ 10

Tip 원의 방정식과 직선의 방정식을 연립하여 얻은 이차방정식의 판별식을 이용한다.

4-1 　숫자

원 $x^2+y^2=16$과 직선 $y=2\sqrt{2}x+k$가 한 점에서 만날 때, 음수 k의 값을 구하시오.

4-2 　표현

원 $x^2+y^2-6y=0$과 직선 $y=\sqrt{3}x+k$가 서로 다른 두 점에서 만나도록 하는 정수 k의 개수를 구하시오.

★ 유형 5 ｜ 원 위의 점과 직선 사이의 거리

원 $x^2+y^2=4$ 위의 점 P와 직선 $2x-y+5=0$ 사이의 거리의 최댓값을 M, 최솟값을 m이라 할 때, Mm의 값은?

① 1　　　　　　② $\sqrt{2}$　　　　　　③ $\sqrt{3}$

④ 2　　　　　　⑤ $\sqrt{5}$

Point 원의 중심과 직선 사이의 거리를 d, 원의 반지름의 길이를 r라 할 때, 원 위의 점과 직선 사이의 거리의 최댓값을 M, 최솟값을 m이라 하면
$$M=d+r,\ m=d-r$$
이다.

5-1 　숫자

원 $x^2+y^2=1$ 위의 점 P와 직선 $x-3y+10=0$ 사이의 거리의 최댓값을 M, 최솟값을 m이라 할 때, $M+m$의 값을 구하시오.

5-2 　표현

원 $x^2+y^2-4x+2y+1=0$ 위의 점 P와 직선 $3x-4y+10=0$ 사이의 거리의 최댓값을 M, 최솟값을 m이라 할 때, Mm의 값을 구하시오.

유형 6 ｜ 원의 접선의 방정식

직선 $x-3y+9=0$에 수직이고 원 $x^2+y^2=10$에 접하는 직선의 방정식을 모두 고르면? (정답 2개)

① $y=-3x-10$　　　　② $y=-3x-5$　　　　③ $y=-3x+5$

④ $y=-3x+10$　　　　⑤ $y=3x-10$

Point 원 $x^2+y^2=r^2\ (r>0)$에 접하고 기울기가 m인 직선의 방정식은
$$y=mx\pm r\sqrt{m^2+1}$$
이다.

6-1 　숫자

직선 $x+2y+3=0$에 수직이고 원 $x^2+y^2=5$에 접하는 직선의 방정식을 모두 구하시오.

6-2 　표현

원 $x^2+y^2=18$ 위의 점 $(a,\ b)$에서의 접선의 기울기가 1일 때, ab의 값을 구하시오.

교과서 문제 정복하기

01

중심이 $(-3, 1)$이고 점 $(-4, 5)$를 지나는 원의 방정식을 구하시오.

02

오른쪽 그림은 원점 O와 두 점 $(-4, 2)$, $(-8, 0)$을 지나는 원의 일부를 좌표평면 위에 그려 놓은 것이다. 이 원의 중심이 (a, b)이고, 반지름의 길이가 r일 때, $a+b+r$의 값을 구하시오.

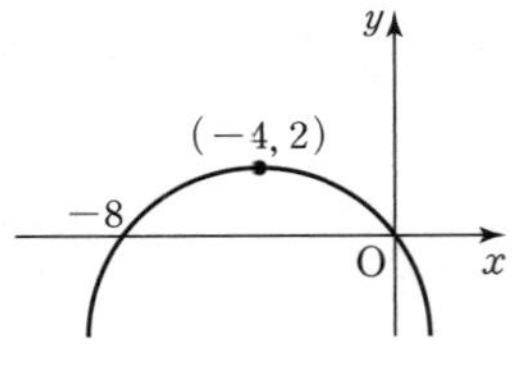

03

원 $x^2+y^2-10x+12y+12=0$의 중심은 (a, b), 반지름의 길이는 r이다. $a+b+r$의 값은?

① 4 ② 5 ③ 6
④ 7 ⑤ 8

04

직선 $y=ax$가 원 $x^2+y^2-10x+8y+12=0$의 넓이를 이등분할 때, 상수 a의 값을 구하시오.

05

중심이 $(-5, -4)$이고 x축에 접하는 원의 방정식을 구하시오.

06

중심이 y축에 있고 x축에 접하는 원이 점 $(6, 2)$를 지날 때, 이 원의 반지름의 길이를 구하시오.

07

두 원
$$x^2+y^2+2ax=0, \ x^2+y^2-x+3y-5=0$$
이 서로 다른 두 점에서 만나고, 이 두 점을 지나는 직선이 점 $(1, 4)$를 지날 때, 상수 a의 값은?

① 3 ② 6 ③ 9
④ 12 ⑤ 15

08

서로 다른 두 점에서 만나는 두 원
$$x^2+y^2+2x-4=0, \ x^2+y^2+2x-4y+4=0$$
의 두 교점과 원점을 지나는 원의 넓이를 구하시오.

★
09

원 $x^2+y^2=10$과 직선 $y=3x+k$가 한 점에서 만날 때, 양수 k의 값은?

① 2   ② 4   ③ 6
④ 8   ⑤ 10

10

원 $x^2+y^2=5$와 직선 $y=2x+k$가 서로 다른 두 점에서 만나도록 하는 정수 k의 개수를 구하시오.

11   금성출판사 변형

3 km 떨어진 곳까지만 불빛을 비추는 등대가 있다. 등대에서 서쪽으로 5 km 떨어진 지점 A에 있던 배가 오른쪽 그림과 같이 직진하여 등대의 불빛이 닿는 영역의 경계 위의 지점 P를 지나갔다. 등대의 위치를 원점, 동쪽을 x축의 양의 방향, 북쪽을 y축의 양의 방향이라 할 때, 직선 AP의 방정식을 구하시오.

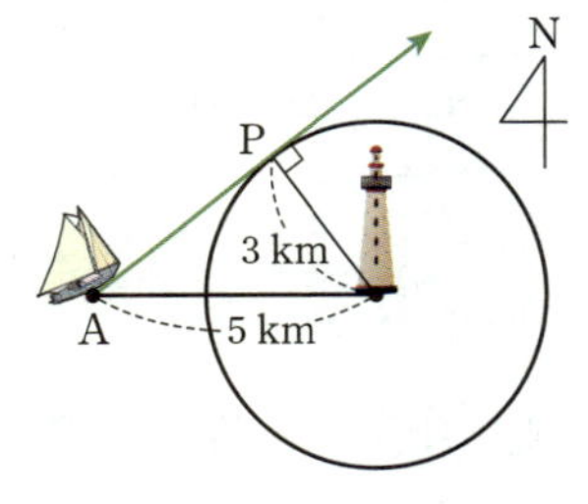

★
12

원 $x^2+y^2=4$ 위의 점 P와 직선 $3x-4y-15=0$ 사이의 거리의 최댓값을 구하시오.

13

원 $x^2+y^2-6x+8y=0$ 위의 점 P와 직선 $4x-3y+k=0$ 사이의 거리의 최댓값이 15일 때, 양수 k의 값을 구하시오.

14

직선 $x-y+1=0$에 평행하고 원 $x^2+y^2=2$에 접하는 직선의 방정식을 모두 구하시오.

15

원 $(x-2)^2+(y+1)^2=5$ 위의 점 $(1, 1)$에서의 접선이 점 $(3, a)$를 지날 때, a의 값을 구하시오.

12 도형의 이동

12·1　점의 평행이동

점 $P(x, y)$를 x축의 방향으로 a만큼, y축의 방향으로 b만큼 평행이
동한 점 P'은
$$P'(x+a,\ y+b)$$

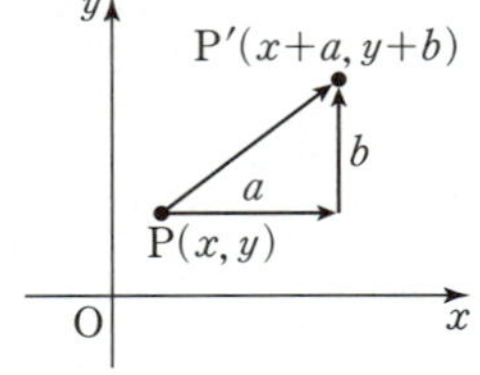

12·2　도형의 평행이동

방정식 $f(x, y)=0$이 나타내는 도형을 x축의 방향으로 a만큼, y
축의 방향으로 b만큼 평행이동한 도형의 방정식은
$$f(x-a,\ y-b)=0$$

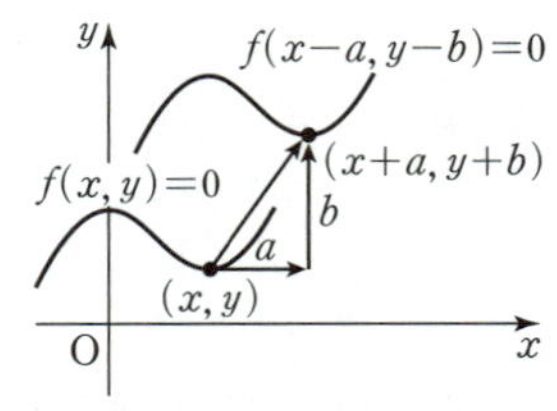

12·3　점의 대칭이동

점 $P(x, y)$를 x축, y축, 원점, 직선 $y=x$에 대하여 각각 대칭이동한 점은 다음과 같다.

x축에 대하여 대칭이동	y축에 대하여 대칭이동	원점에 대하여 대칭이동	직선 $y=x$에 대하여 대칭이동
$(x, -y)$	$(-x, y)$	$(-x, -y)$	(y, x)

*직선 $y=-x$에 대한 대칭이동
$\Rightarrow (x, y) \longrightarrow (-y, -x)$

12·4　도형의 대칭이동

방정식 $f(x, y)=0$이 나타내는 도형을 x축, y축, 원점, 직선 $y=x$에 대하여 각각 대칭이동한
도형의 방정식은 다음과 같다.

x축에 대하여 대칭이동	y축에 대하여 대칭이동	원점에 대하여 대칭이동	직선 $y=x$에 대하여 대칭이동
$f(x, -y)=0$	$f(-x, y)=0$	$f(-x, -y)=0$	$f(y, x)=0$

*직선 $y=-x$에 대한 대칭이동
$\Rightarrow f(x, y)=0 \longrightarrow f(-y, -x)=0$

개념 플러스

● **점에 대한 대칭이동**
점 $P(x, y)$를 점 $A(a, b)$에 대하여 대칭이동한 점을 P'이라 하면
$$P'(2a-x, 2b-y)$$

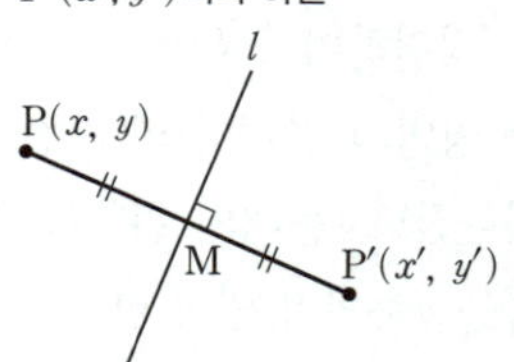

● **직선에 대한 대칭이동**
점 $P(x, y)$를 직선 $l : y=mx+n$에 대하여 대칭이동한 점을 $P'(x', y')$이라 하면

(1) 중점 조건: $\overline{PP'}$의 중점
$M\left(\dfrac{x+x'}{2},\ \dfrac{y+y'}{2}\right)$이 직선 l
위의 점이다.

(2) 수직 조건:
(직선 PP'의 기울기)
$\times$ (직선 l 의 기울기)
$=-1$

교과서 유형 흐름잡기

유형 1 | 점의 평행이동

점 $P(3, 6)$을 x축의 방향으로 4만큼, y축의 방향으로 -5만큼 평행이동한 점이
$P'(a, b)$일 때, ab의 값은?

① 6   ② 7   ③ 8
④ 9   ⑤ 10

Point 점 (x, y)를 x축의 방향으로 a만큼, y축의 방향으로 b만큼 평행이동한 점은
$$(x+a, y+b)$$
임을 이용한다.

1-1 숫자

점 $P(7, 4)$를 x축의 방향으로 -3만큼, y축의 방향으로 2만큼 평행이동한 점이 $P'(a, b)$일 때, $a+b$의 값을 구하시오.

1-2 표현

점 $P(a, b)$를 x축의 방향으로 b만큼, y축의 방향으로 $-2a$만큼 평행이동한 점이 점 $P'(5, -1)$일 때, a^2+b^2의 값을 구하시오.

★ 유형 2 | 도형의 평행이동

직선 $x+2y-3=0$을 x축의 방향으로 p만큼, y축의 방향으로 $2p$만큼 평행이동한 직선
이 점 $(3, 5)$를 지날 때, p의 값은?

① 1   ② 2   ③ 3
④ 4   ⑤ 5

Point 방정식 $f(x, y)=0$이 나타내는 도형을 x축의 방향으로 a만큼, y축의 방향으로 b만큼 평행이동한 도형의 방정식은
$$f(x-a, y-b)=0$$
이다.

2-1 숫자

직선 $2x+3y-5=0$을 x축의 방향으로 p만큼, y축의 방향으로 $p-2$만큼 평행이동한 직선이 점 $(4, 2)$를 지날 때, p의 값을 구하시오.

2-2 표현

원 $(x-4)^2+(y+2)^2=25$를 x축의 방향으로 a만큼, y축의 방향으로 b만큼 평행이동한 원의 중심이 원점일 때, a^2+b^2의 값을 구하시오.

점 $(a, 2)$를 x축에 대하여 대칭이동한 후 원점에 대하여 대칭이동한 점의 좌표가 $(10, b)$일 때, $a+b$의 값은?

① -6 ② -7 ③ -8

④ -9 ⑤ -10

Point 점 $\mathrm{P}(x, y)$를
① x축에 대하여 대칭이동한 점은 $(x, -y)$
② 원점에 대하여 대칭이동한 점은 $(-x, -y)$

3-1 [숫자]

점 $(5, a)$를 y축에 대하여 대칭이동한 후 원점에 대하여 대칭이동한 점의 좌표가 $(b, -7)$일 때, $a-b$의 값을 구하시오.

3-2 [표현]

점 $(-2, 4)$를 원점에 대하여 대칭이동한 점을 A, 직선 $y=x$에 대하여 대칭이동한 점을 B라 할 때, 두 점 A, B 사이의 거리는?

① $\sqrt{6}$ ② $\sqrt{7}$ ③ $2\sqrt{2}$

④ 3 ⑤ $\sqrt{10}$

직선 $4x-3y+7=0$을 x축에 대하여 대칭이동한 후 원점에 대하여 대칭이동한 직선이 점 $(1, a)$를 지날 때, a의 값은?

① 1 ② 2 ③ 3

④ 4 ⑤ 5

Point 방정식 $f(x, y)=0$이 나타내는 도형을
① x축에 대하여 대칭이동한 도형의 방정식은
$f(x, -y)=0$
② 원점에 대하여 대칭이동한 도형의 방정식은
$f(-x, -y)=0$

4-1 [숫자]

직선 $6x-5y+3=0$을 y축에 대하여 대칭이동한 후 원점에 대하여 대칭이동한 직선이 점 $(a, 3)$을 지날 때, a의 값을 구하시오.

4-2 [표현]

직선 $5x-4y-3=0$을 직선 $y=x$에 대하여 대칭이동한 직선이 점 $(3, a)$를 지날 때, a의 값을 구하시오.

유형 5 | 점 (a, b)에 대한 대칭이동

점 $(a, 7)$을 점 $(1, 2)$에 대하여 대칭이동한 점의 좌표가 $(-7, b)$일 때, $a+b$의 값은?

① 5   ② 6   ③ 7
④ 8   ⑤ 9

> **Tip** 점 P를 점 A에 대하여 대칭이동한 점을 P′이라 하면 점 A는 $\overline{PP'}$의 중점임을 이용한다.

5-1 (숫자)

점 $(3, a)$를 점 $(b, 1)$에 대하여 대칭이동한 점의 좌표가 $(-1, 5)$일 때, ab의 값을 구하시오.

5-2 (표현)

두 포물선 $y=x^2-2x+5$, $y=-x^2+4x-7$이 점 (a, b)에 대하여 대칭일 때, $b-a$의 값을 구하시오.

유형 6 | 직선 $y=ax+b$에 대한 대칭이동

두 점 $(2, 1)$, $(-6, 13)$이 직선 $y=ax+b$에 대하여 대칭일 때, 상수 a, b에 대하여 $a+b$의 값은?

① 3   ② 5   ③ 7
④ 9   ⑤ 11

> **Tip** 점 P를 직선 $y=ax+b$에 대하여 대칭이동한 점을 P′이라 하면 $\overline{PP'}$의 중점은 직선 $y=ax+b$ 위의 점이고, 직선 PP′은 직선 $y=ax+b$와 수직이다.

6-1 (숫자)

두 점 $(-4, 3)$, $(-1, 4)$가 직선 $y=ax+b$에 대하여 대칭일 때, 상수 a, b에 대하여 ab의 값을 구하시오.

6-2 (표현)

원 $(x-3)^2+y^2=1$을 직선 $y=x-1$에 대하여 대칭이동한 도형의 방정식을 구하시오.

01

점 $P(5,\ -7)$을 x축의 방향으로 -2만큼, y축의 방향으로 3만큼 평행이동한 점이 $P'(a,\ b)$일 때, ab의 값을 구하시오.

02

점 $(5,\ 6)$을 점 $(2,\ 10)$으로 옮기는 평행이동에 의하여 원점이 옮겨지는 점의 좌표를 $(a,\ b)$라 할 때, $a+b$의 값은?

① 5   ② 3   ③ 1
④ -1 ⑤ -3

★ 03

직선 $y=2x+k$를 x축의 방향으로 3만큼, y축의 방향으로 -2만큼 평행이동한 직선의 방정식이 $y=2x+5$일 때, 상수 k의 값을 구하시오.

04

직선 $y=4x-5$를 x축의 방향으로 a만큼, y축의 방향으로 $2a$만큼 평행이동한 직선의 방정식이 $y=4x-10$일 때, 상수 a의 값을 구하시오.

05

직선 $2x-3y+6=0$을 x축의 방향으로 3만큼, y축의 방향으로 4만큼 평행이동한 직선과 x축, y축으로 둘러싸인 도형의 넓이를 구하시오.

06

원 $(x-a)^2+(y-b)^2=4$를 x축의 방향으로 b만큼, y축의 방향으로 $-a$만큼 평행이동한 원의 방정식이 $(x-2)^2+(y+8)^2=4$일 때, a^2+b^2의 값을 구하시오.

07   금성출판사 변형

오른쪽 그림과 같이 좌표평면의 세 점 $O(0,\ 0)$, $A(-5,\ 0)$, $B(0,\ -1)$을 꼭짓점으로 하는 삼각형 ABO를 평행이동한 삼각형의 세 꼭짓점을 O', A', B'이라 하고, 세 점 O, A, B가 각각 O', A', B'으로 평행이동하였다고 할 때, $A'(0,\ 3)$이다. 점 B'의 좌표를 구하시오.

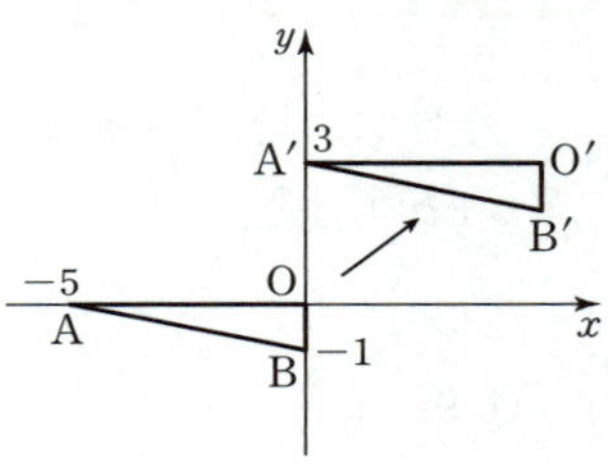

08

점 $(a,\ b)$를 x축에 대하여 대칭이동한 후 원점에 대하여 대칭이동한 점의 좌표가 $(2b-1,\ -a+3)$일 때, a^2+b^2의 값을 구하시오.

09

점 $(1, 2)$를 x축에 대하여 대칭이동한 점을 A, 직선 $y=x$에 대하여 대칭이동한 점을 B라 할 때, 두 점 A, B를 지나는 직선의 y절편을 구하시오.

★ 10

직선 $ax-y-2=0$을 원점에 대하여 대칭이동한 후 y축에 대하여 대칭이동한 직선이 점 $(-3, 5)$를 지날 때, 상수 a의 값을 구하시오.

11

점 $(3, 4)$를 점 $(a, 2)$에 대하여 대칭이동한 점의 좌표가 $(-1, b)$일 때, $a+b$의 값을 구하시오.

12

원 $(x-2)^2+(y-1)^2=1$을 점 $(1, 2)$에 대하여 대칭이동한 원의 방정식을 구하시오.

13

두 점 $(5, 2)$, $(-1, 0)$이 직선 $y=ax+b$에 대하여 대칭일 때, 상수 a, b에 대하여 ab의 값을 구하시오.

14

원 $x^2+y^2=9$를 직선 $y=-x+1$에 대하여 대칭이동한 도형의 방정식을 구하시오.

15   지학사 변형

오른쪽 그림과 같이 직선 도로 위의 두 지점 A, B에서 각각 4 km, 1 km 떨어진 지점에 두 아파트 C, D가 있다. 두 아파트 C, D에 주거하는 주민들을 위해 지하철역 E를 도로변에 지으려고 한다. 지하철역에서 두 아파트까지의 거리의 합이 최소가 되도록 하는 지하철역

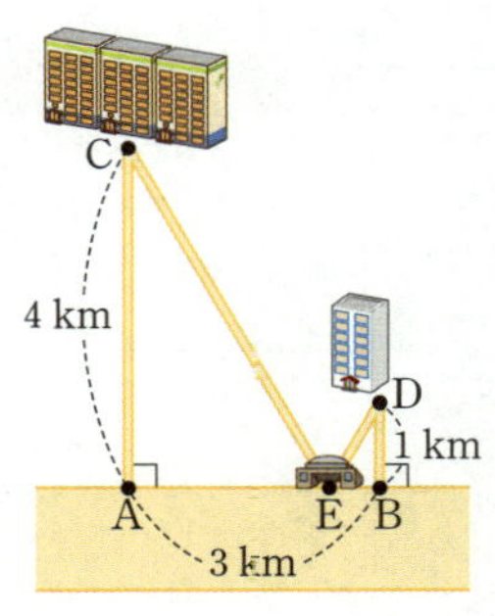

의 위치는 A지점에서 B지점의 방향으로 몇 km 떨어진 곳인지 구하시오. (단, 두 지점 A, B 사이의 거리는 3 km이다.)

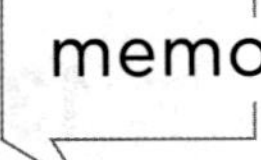

9
교
시

9
교시

쉽고 빠르게 정리하는

수학 상

9종 교과서 시크릿

정답과 풀이

I. 다항식

되짚어 보기

> 본문 4쪽

01 (1) $5a-4b$ (2) $4a-5b$
02 (1) $2x^3y^4$ (2) $-3xy^3$
03 (1) $a^2-4ab+4b^2$ (2) x^2+3x+2
04 (1) $ab(a-2)$ (2) $(x+1)(x-4)$

01 다항식의 연산

교과서 유형 흐름잡기

> 본문 7~9쪽

유형 **1** ③   **1**-1 $2x^2+5xy+y^2$ **1**-2 ④
유형 **2** ①   **2**-1 -3 **2**-2 1
유형 **3** ①   **3**-1 $2a^3$ **3**-2 ⑤
유형 **4** ③   **4**-1 $x^9+3x^6y^3+3x^3y^6+y^9$
   4-2 ③
유형 **5** ④   **5**-1 35   **5**-2 14
유형 **6** ②   **6**-1 $-9x+4$ **6**-2 $x-2$

유형 1

$3(2A+3B)-4(A+2B)$
$=6A+9B-4A-8B$
$=2A+B$
$=2(x^2-3xy+4y^2)+(-2x^2+5xy-3y^2)$
$=2x^2-6xy+8y^2-2x^2+5xy-3y^2$
$=-xy+5y^2$ 답 ③

1-1

$2(A+2B)-3(A+B)$
$=2A+4B-3A-3B$
$=-A+B$
$=-(x^2-4xy-3y^2)+(3x^2+xy-2y^2)$
$=-x^2+4xy+3y^2+3x^2+xy-2y^2$
$=2x^2+5xy+y^2$ 답 $2x^2+5xy+y^2$

1-2

$2A-3(X-3B)=5A+3B$를 X에 대하여 풀면
$-3X=3A-6B$

$\therefore X=-A+2B$
$\quad=-(3x^2-x+2)+2(x^2+5x+3)$
$\quad=-x^2+11x+4$ 답 ④

유형 2

$(x^2+x+2)(x^2-3x-1)$의 전개식에서 x^3항은
$x^2\cdot(-3x)+x\cdot x^2=-2x^3$
따라서 x^3의 계수는 -2이다.   답 ①

2-1

$(x^2+2x-1)(x^2-3x+4)$의 전개식에서 x^2항은
$x^2\cdot4+2x\cdot(-3x)+(-1)\cdot x^2=-3x^2$
따라서 x^2의 계수는 -3이다.   답 -3

2-2

$(x^2+3x+a)(x^2+2ax-2)$의 전개식에서 x^2항은
$x^2\cdot(-2)+3x\cdot2ax+a\cdot x^2=(7a-2)x^2$
이때 x^2의 계수가 5이므로
$7a-2=5$ $\therefore a=1$ 답 1

유형 3

$(2x-1)^3-(2x+1)(4x^2-2x+1)$
$=(2x)^3-3\cdot(2x)^2\cdot1+3\cdot2x\cdot1^2-1^3-\{(2x)^3+1^3\}$
$=8x^3-12x^2+6x-1-8x^3-1$
$=-12x^2+6x-2$ 답 ①

3-1

$(a+2b)(a^2-2ab+4b^2)+(a-2b)(a^2+2ab+4b^2)$
$=a^3+(2b)^3+a^3-(2b)^3$
$=2a^3$ 답 $2a^3$

3-2

$(x^2+2x+3)^2$
$=(x^2)^2+(2x)^2+3^2+2\cdot x^2\cdot2x+2\cdot2x\cdot3+2\cdot3\cdot x^2$
$=x^4+4x^2+9+4x^3+12x+6x^2$
$=x^4+4x^3+10x^2+12x+9$
따라서 x^3의 계수는 4이다.   답 ⑤
다른풀이 $(x^2+2x+3)^2=(x^2+2x+3)(x^2+2x+3)$의 전개
식에서 x^3항은 $x^2\cdot2x+2x\cdot x^2=4x^3$이므로 x^3의 계수는 4이다.

$(x-y)(x^2+xy+y^2)(x^6+x^3y^3+y^6)$
$=(x^3-y^3)\{(x^3)^2+x^3\cdot y^3+(y^3)^2\}$
$=(x^3)^3-(y^3)^3=x^9-y^9$ 답 ③

4-1

$(x+y)^3(x^2-xy+y^2)^3=\{(x+y)(x^2-xy+y^2)\}^3$
$=(x^3+y^3)^3$
$=x^9+3x^6y^3+3x^3y^6+y^9$

답 $x^9+3x^6y^3+3x^3y^6+y^9$

4-2

$(\sqrt{a}-\sqrt{b})(\sqrt{a}+\sqrt{b})(a+b)(a^2+b^2)$
$=(a-b)(a+b)(a^2+b^2)$
$=(a^2-b^2)(a^2+b^2)$
$=a^4-b^4$ 답 ③

$x^2+y^2=(x+y)^2-2xy$에서
$7=3^2-2xy$ $\therefore xy=1$
$\therefore x^3+y^3=(x+y)^3-3xy(x+y)$
$=3^3-3\cdot1\cdot3$
$=18$ 답 ④

5-1

$x^2+y^2=(x-y)^2+2xy$에서
$13=5^2+2xy$ $\therefore xy=-6$
$\therefore x^3-y^3=(x-y)^3+3xy(x-y)$
$=5^3+3\cdot(-6)\cdot5$
$=35$ 답 35

5-2

$x^2-2x-1=0$에서 $x\neq0$이므로 양변을 x로 나누면
$x-2-\dfrac{1}{x}=0$ $\therefore x-\dfrac{1}{x}=2$
$\therefore x^3-\dfrac{1}{x^3}=\left(x-\dfrac{1}{x}\right)^3+3\left(x-\dfrac{1}{x}\right)$
$=2^3+3\cdot2=14$ 답 14

$$x^2-3x+4\ \overline{)\ 3x^3-7x^2+\ 4x+1}$$
$$\dfrac{3x+2}{}$$
$$3x^3-9x^2+12x$$
$$\overline{\quad 2x^2-\ 8x+1}$$
$$2x^2-\ 6x+8$$
$$\overline{\qquad -\ 2x-7}$$

따라서 $Q(x)=3x+2$, $R(x)=-2x-7$이므로
$Q(x)+R(x)=x-5$ 답 ②

6-1

$$x^2+2x+3\ \overline{)\ 2x^3+5x^2-\ 3x+6}$$
$$\dfrac{2x+1}{}$$
$$2x^3+4x^2+\ 6x$$
$$\overline{\quad x^2-\ 9x+6}$$
$$x^2+\ 2x+3$$
$$\overline{\qquad -11x+3}$$

따라서 $Q(x)=2x+1$, $R(x)=-11x+3$이므로
$Q(x)+R(x)=-9x+4$ 답 $-9x+4$

6-2

$x^3-7x^2+5x+3=A(x^2-5x-5)-7$이므로
$A(x^2-5x-5)=x^3-7x^2+5x+3-(-7)$
$=x^3-7x^2+5x+10$
$\therefore A=(x^3-7x^2+5x+10)\div(x^2-5x-5)$

$$x^2-5x-5\ \overline{)\ x^3-7x^2+\ 5x+10}$$
$$\dfrac{x-2}{}$$
$$x^3-5x^2-\ 5x$$
$$\overline{\quad -2x^2+10x+10}$$
$$-2x^2+10x+10$$
$$\overline{\qquad\qquad 0}$$

$\therefore A=x-2$ 답 $x-2$

교과서 문제 정복하기   ▶콘문 10~11쪽

01 ③	02 2	03 9	04 67
05 $x^2+9y^2+4z^2-6xy-12yz+4zx$			06 ②
07 ①	08 $-2x^2+3xy-y^2$	09 8	10 18
11 10^8-1	12 ②	13 ⑤	14 9	15 ②

01

$A-(3A+B)+2B$
$=-2A+B$
$=-2(2x^2-3xy-y^2)+(x^2+xy+2y^2)$
$=-4x^2+6xy+2y^2+x^2+xy+2y^2$
$=-3x^2+7xy+4y^2$ 답 ③

02

$(x-4)(x^2-x+3)$의 전개식에서 x^2항은
$x\cdot(-x)+(-4)\cdot x^2=-5x^2$
또, x항은
$x\cdot3+(-4)\cdot(-x)=7x$
따라서 x^2의 계수 a는 -5, x의 계수 b는 7이므로
$a+b=2$ 답 2

03

$(x^2+ax+1)(x^2-ax+1)$의 전개식에서 x^2항은
$x^2\cdot1+ax\cdot(-ax)+1\cdot x^2=(2-a^2)x^2$
이때 x^2의 계수가 -7이므로
$2-a^2=-7$
$\therefore a^2=9$

답 9

04

$(1+3x+5x^2+7x^3)^2$
$=(1+3x+5x^2+7x^3)(1+3x+5x^2+7x^3)$
의 전개식에서 x^4항은
$3x\cdot7x^3+5x^2\cdot5x^2+7x^3\cdot3x=67x^4$
이므로 x^4의 계수는 67이다.

답 67

05

$(x-3y+2z)^2$
$=x^2+(-3y)^2+(2z)^2+2\cdot x\cdot(-3y)$
$\qquad\qquad\qquad+2\cdot(-3y)\cdot2z+2\cdot2z\cdot x$
$=x^2+9y^2+4z^2-6xy-12yz+4zx$

답 $x^2+9y^2+4z^2-6xy-12yz+4zx$

06

$(x+2)^3(x^2-2x+4)^3=\{(x+2)(x^2-2x+4)\}^3$
$\qquad\qquad\qquad\qquad=(x^3+8)^3$
$\qquad\qquad\qquad\qquad=x^9+24x^6+192x^3+512$
따라서 x^3의 계수는 192이다.

답 ②

07

$(x-2)(x^2+2x+4)(x^6+8x^3+64)$
$=(x^3-8)\{(x^3)^2+8x^3+8^2\}$
$=(x^3)^3-8^3$
$=x^9-512$
$=500-512\ (\because x^9=500)$
$=-12$

답 ①

08

업무실은 한 변의 길이가 x인 정사각형 모양이므로 회의실은 한 변의 길이가 $(y-x)$인 정사각형 모양이다.
따라서 탕비실의 넓이는
$xy-x^2-(y-x)^2$
$=xy-x^2-(y^2-2xy+x^2)$
$=-2x^2+3xy-y^2$

답 $-2x^2+3xy-y^2$

09

$x^3+y^3=(x+y)^2-3xy(x+y)$에서
$16=4^3-3xy\cdot4$ $\quad\therefore xy=4$
$\therefore x^2+y^2=(x+y)^2-2xy$
$\qquad\qquad=4^2-2\cdot4=8$

답 8

10

$x^2-4x-1=0$에서 $x\neq0$이므로 양변을 x로 나누면
$x-4-\dfrac{1}{x}=0$ $\quad\therefore x-\dfrac{1}{x}=4$
$\therefore x^2+\dfrac{1}{x^2}=\left(x-\dfrac{1}{x}\right)^2+2$
$\qquad\qquad=4^2+2=18$

답 18

11

$9\times11\times101\times10001$
$=(10-1)(10+1)(100+1)(10000+1)$
$=(10^2-1)(10^2+1)(10^4+1)$
$=(10^4-1)(10^4+1)$
$=10^8-1$

답 10^8-1

12

직육면체의 밑면의 가로의 길이를 a, 세로의 길이를 b, 높이를 c라 하면 겉넓이가 64이므로

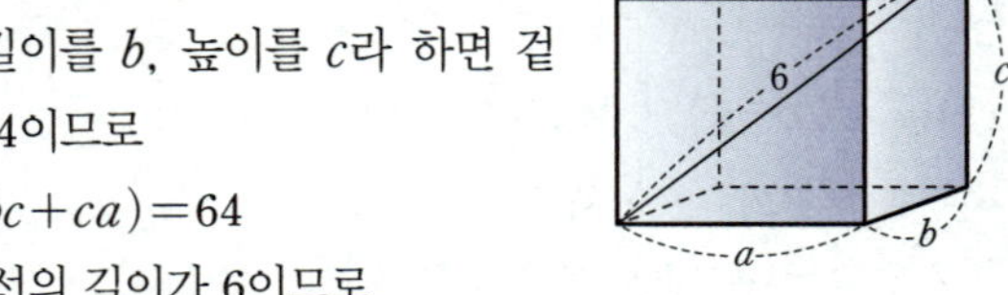

$2(ab+bc+ca)=64$
또, 대각선의 길이가 6이므로
$\sqrt{a^2+b^2+c^2}=6$
$\therefore a^2+b^2+c^2=36$
$(a+b+c)^2=a^2+b^2+c^2+2(ab+bc+ca)$
$\qquad\qquad=36+64$
$\qquad\qquad=100=10^2$
$\therefore a+b+c=10\ (\because a+b+c>0)$
따라서 모든 모서리의 길이의 합은
$4(a+b+c)=4\cdot10=40$

답 ②

13

직사각형의 넓이가 3이므로 $ab=3$
두 정사각형의 넓이의 합은 $a^2+(3b)^2$이고 직사각형의 넓이의 7배이므로
$a^2+9b^2=7ab$
$\therefore a^2+9b^2=21$
따라서 한 변의 길이가 $a+3b$인 정사각형의 넓이는
$(a+3b)^2=a^2+9b^2+6ab$
$\qquad\qquad=21+6\cdot3=39$

답 ⑤

14

$$x^2-3x+1 \overline{)\begin{array}{l} x+3 \\ x^3 \qquad -5x+2 \end{array}}$$

$$\begin{array}{r} x^3-3x^2+x \\ \hline 3x^2-6x+2 \\ 3x^2-9x+3 \\ \hline 3x-1 \end{array}$$

따라서 $Q(x)=x+3$, $R(x)=3x-1$이므로
$Q(1)+R(2)=4+5=9$

답 9

15

$X=(x^2-2x+5)(2x-1)+(3x+2)$
$\quad =2x^3+(-1-4)x^2+(2+10+3)x+(-5+2)$
$\quad =2x^3-5x^2+15x-3$

답 ②

〔02 항등식과 나머지정리〕

교과서 유형 흐름잡기
▶ 본문 13~15쪽

유형 1 ④	1-1 2	1-2 3
유형 2 ⑤	2-1 15	2-2 ③
유형 3 ①	3-1 −15	3-2 10
유형 4 ⑤	4-1 4	4-2 ④
유형 5 ②	5-1 3	5-2 −24
유형 6 ④	6-1 몫: x^2-x+4, 나머지: 7	
	6-2 몫: x^2-x+1, 나머지: 2	

유형 1

$a(2x-1)+b(3x+1)=x-3$에서
$(2a+3b)x+(-a+b)=x-3$
이 등식이 x에 대한 항등식이므로
$2a+3b=1$, $-a+b=-3$
두 식을 연립하여 풀면 $a=2$, $b=-1$
$\therefore a+b=1$

답 ④

1-1

$a(3x+2)-b(2x-1)=4x+5$에서
$(3a-2b)x+(2a+b)=4x+5$
이 등식이 x에 대한 항등식이므로
$3a-2b=4$, $2a+b=5$
두 식을 연립하여 풀면 $a=2$, $b=1$
$\therefore ab=2$

답 2

1-2

$a(x-2y)+b(2x+y)=3x+4y$에서
$(a+2b)x+(-2a+b)y=3x+4y$
이 등식이 x, y에 대한 항등식이므로
$a+2b=3$, $-2a+b=4$
두 식을 연립하여 풀면 $a=-1$, $b=2$
$\therefore b-a=3$

답 3

유형 2

주어진 등식의 양변에 $x=1$을 대입하면 $c=8$
주어진 등식의 양변에 $x=-1$을 대입하면
$-2b+8=10$ $\quad \therefore b=-1$
주어진 등식의 양변에 $x=0$을 대입하면
$-a+1+8=6$ $\quad \therefore a=3$
$\therefore a+b+c=10$

답 ⑤

2-1

주어진 등식의 양변에 $x=0$을 대입하면
$-b=-9$ $\quad \therefore b=9$

주어진 등식의 양변에 $x=1$을 대입하면
$2c=-10$ $\quad\therefore c=-5$
주어진 등식의 양변에 $x=-1$을 대입하면
$2a=-6$ $\quad\therefore a=-3$
$\therefore \dfrac{bc}{a}=15$

답 15

2-2

주어진 등식의 양변에 $x=0$을 대입하면
$4=2c$ $\quad\therefore c=2$
주어진 등식의 양변에 $x=1$을 대입하면
$2=2a$ $\quad\therefore a=1$
주어진 등식의 양변에 $x=-1$을 대입하면
$12=2b+12$ $\quad\therefore b=0$
$\therefore a-b-c=-1$

답 ③

유형 3

x^3+ax+b를 x^2-x-1로 나누었을 때의 몫을 $x+c$
(c는 상수)라 하면
$$x^3+ax+b=(x^2-x-1)(x+c)+3x-2$$
$$=x^3+(c-1)x^2+(-c+2)x-c-2$$
이 등식이 x에 대한 항등식이므로
$0=c-1$, $a=-c+2$, $b=-c-2$
$\therefore a=1$, $b=-3$, $c=1$
$\therefore a+b=-2$

답 ①

3-1

x^3-2x^2+ax+b를 x^2-x+2로 나누었을 때의 몫을
$x+c$ (c는 상수)라 하면
$$x^3-2x^2+ax+b=(x^2-x+2)(x+c)+2x-1$$
$$=x^3+(c-1)x^2+(-c+4)x+2c-1$$
이 등식이 x에 대한 항등식이므로
$-2=c-1$, $a=-c+4$, $b=2c-1$
$\therefore a=5$, $b=-3$, $c=-1$
$\therefore ab=-15$

답 -15

3-2

x^3-x^2+3x+a를 x^2-2x+b로 나누었을 때의 몫을
$x+c$ (c는 상수)라 하면
$$x^3-x^2+3x+a=(x^2-2x+b)(x+c)$$
$$=x^3+(c-2)x^2+(b-2c)x+bc$$
이 등식이 x에 대한 항등식이므로
$-1=c-2$, $3=b-2c$, $a=bc$
$\therefore a=5$, $b=5$, $c=1$
$\therefore a+b=10$

답 10

유형 4

$P(x)=x^3-5x^2+ax+b$라 하면 나머지정리에 의하여
$P(-1)=-a+b-6=2$
$\therefore -a+b=8$ $\qquad\cdots\cdots$ ㉠
$P(1)=a+b-4=6$
$\therefore a+b=10$ $\qquad\cdots\cdots$ ㉡
㉠, ㉡을 연립하여 풀면 $a=1$, $b=9$
$\therefore a^2+b^2=82$

답 ⑤

4-1

$P(x)=x^3-3x^2+ax+b$라 하면 나머지정리에 의하여
$P(1)=a+b-2=3$
$\therefore a+b=5$ $\qquad\cdots\cdots$ ㉠
$P(2)=2a+b-4=2$
$\therefore 2a+b=6$ $\qquad\cdots\cdots$ ㉡
㉠, ㉡을 연립하여 풀면 $a=1$, $b=4$
$\therefore ab=4$

답 4

4-2

다항식 $P(x)$를 $(x+2)(x-4)$로 나누었을 때의 몫을 $Q(x)$
라 하면
$$P(x)=(x+2)(x-4)Q(x)+3x+4$$
따라서 다항식 $P(x)$를 $x-4$로 나누었을 때의 나머지는 나머
지정리에 의하여
$P(4)=3\cdot4+4=16$

답 ④

유형 5

$P(x)=x^3+ax^2+bx-12$라 하면 $P(x)$가 $x+3$, $x-2$로 각
각 나누어떨어지므로
$P(-3)=0$, $P(2)=0$
$9a-3b-39=0$, $4a+2b-4=0$
$\therefore 3a-b=13$, $2a+b=2$
두 식을 연립하여 풀면 $a=3$, $b=-4$
$\therefore a+b=-1$

답 ②

5-1

$P(x)=x^3+ax^2+bx-6$이라 하면 $P(x)$가 $x+2$, $x-1$로
각각 나누어떨어지므로
$P(-2)=0$, $P(1)=0$
$4a-2b-14=0$, $a+b-5=0$
$\therefore 2a-b=7$, $a+b=5$
두 식을 연립하여 풀면 $a=4$, $b=1$
$\therefore a-b=3$

답 3

5-2

$P(x)=x^3+ax^2-6x+b$라 하면 $P(x)$가 $x-1$, $x-4$로 각
각 나누어떨어지므로

$P(1)=0$, $P(4)=0$

$a+b-5=0$, $16a+b+40=0$

$\therefore a+b=5$, $16a+b=-40$

두 식을 연립하여 풀면 $a=-3$, $b=8$

$\therefore ab=-24$

답 -24

유형 6

x^3+3x^2-4x+7을 $x-2$로 나누었을 때의 몫과 나머지를 조립제법을 이용하여 구하면 오른쪽과 같다.

$$\begin{array}{r|rrrr} 2 & 1 & 3 & -4 & 7 \\ & & 2 & 10 & 12 \\ \hline & 1 & 5 & 6 & 19 \end{array}$$

$\therefore$ 몫: x^2+5x+6, 나머지: 19

답 ④

6-1

x^3-2x^2+5x+3을 $x-1$로 나누었을 때의 몫과 나머지를 조립제법을 이용하여 구하면 오른쪽과 같다.

$$\begin{array}{r|rrrr} 1 & 1 & -2 & 5 & 3 \\ & & 1 & -1 & 4 \\ \hline & 1 & -1 & 4 & 7 \end{array}$$

$\therefore$ 몫: x^2-x+4, 나머지: 7

답 몫: x^2-x+4, 나머지: 7

6-2

$2x^3-3x^2+3x+1$을 $2x-1$로 나누었을 때의 몫과 나머지를 조립제법을 이용하여 구하면

$$\begin{array}{r|rrrr} \frac{1}{2} & 2 & -3 & 3 & 1 \\ & & 1 & -1 & 1 \\ \hline & 2 & -2 & 2 & 2 \end{array}$$

$2x^3-3x^2+3x+1$

$=\left(x-\dfrac{1}{2}\right)(2x^2-2x+2)+2$

$=(2x-1)(x^2-x+1)+2$

이므로 몫은 x^2-x+1, 나머지는 2이다.

답 몫: x^2-x+1, 나머지: 2

참고 다항식 $P(x)$를 $x-\dfrac{b}{a}$로 나누었을 때의 몫이 $Q(x)$이면 $ax-b$로 나누었을 때의 몫은 $\dfrac{1}{a}Q(x)$이다.

교과서 문제 정복하기

> 본문 16~17쪽

01 ①	02 6	03 ⑤	04 0	05 ②
06 5	07 -1	08 ①	09 80	10 4
11 -8	12 ③	13 ②	14 $V(t)=t^2+4t+5$	
15 몫: $2x^2-x-1$, 나머지: -1				

01

$(ax-2)(x-3)=3x^2+bx+c$에서

$ax^2-(3a+2)x+6=3x^2+bx+c$

이 등식이 x에 대한 항등식이므로

$a=3$, $b=-11$, $c=6$

$\therefore a+b+c=-2$

답 ①

02

$a(2x-y)+b(x+y)-1=-x+5y+c$에서

$(2a+b)x+(-a+b)y-1=-x+5y+c$

이 등식이 x, y에 대한 항등식이므로

$2a+b=-1$, $-a+b=5$, $-1=c$

위의 식을 연립하여 풀면 $a=-2$, $b=3$, $c=-1$

$\therefore abc=6$

답 6

03

주어진 등식의 양변에 $x=-5$를 대입하면

$-8a=-4$ $\quad\therefore a=\dfrac{1}{2}$

주어진 등식의 양변에 $x=3$을 대입하면

$8b=4$ $\quad\therefore b=\dfrac{1}{2}$

$\therefore a+b=1$

답 ⑤

04

주어진 등식의 양변에 $x=1$을 대입하면

$-1=2c$ $\quad\therefore c=-\dfrac{1}{2}$

주어진 등식의 양변에 $x=2$를 대입하면

$2=2a$ $\quad\therefore a=1$

주어진 등식의 양변에 $x=0$을 대입하면

$0=2b-3$ $\quad\therefore b=\dfrac{3}{2}$

$\therefore a-b-c=0$

답 0

05

x^3+ax^2+b를 x^2-x-3으로 나누었을 때의 몫을 $x+c$ (c는 상수)라 하면

$x^3+ax^2+b=(x^2-x-3)(x+c)+2x+1$

$\qquad\qquad =x^3+(c-1)x^2+(-c-1)x-3c+1$

이 등식이 x에 대한 항등식이므로

$a=c-1$, $0=-c-1$, $b=-3c+1$

$\therefore a=-2$, $b=4$, $c=-1$

$\therefore ab=-8$

답 ②

06

다항식 x^4-3x^2+2를 x^2-a로 나누었을 때의 몫을 $Q(x)$라 하면

$x^4-3x^2+2=(x^2-a)Q(x)+12$

이 등식이 x에 대한 항등식이므로 양변에 $x^2=a$를 대입하면

$a^2-3a+2=12$, $a^2-3a-10=0$

$(a+2)(a-5)=0$ $\quad\therefore a=-2$ 또는 $a=5$

이때 a는 자연수이므로 $a=5$이다.

답 5

07

$P(x)=x^3-2x^2+ax+2$라 하면 나머지정리에 의하여
$P(1)=P(-1)$
$1+a=-1-a$　　$\therefore a=-1$　　　　　답 -1

08

다항식 $P(x)$를 $x-1$로 나누었을 때의 나머지와 다항식 $Q(x)$를 $x-1$로 나누었을 때의 나머지가 같으므로 나머지정리에 의하여
$P(1)=Q(1)$
$4+a=3+b$
$\therefore a-b=-1$　　　　　답 ①

09

$P(x)=\dfrac{1}{10^2}\times(-x^3+400x)+50$이므로 $P(x)$를 $x-10$으로 나누었을 때의 나머지 R는
$R=P(10)$
$\quad=\dfrac{1}{10^2}\times(-10^3+400\cdot10)+50$
$\quad=-10+40+50$
$\quad=80$　　　　　답 80

10

$P(x)=x^3-2x^2+ax-3$이라 하면 $P(x)$가 $x-1$을 인수로 가지므로
$P(1)=0,\ a-4=0$
$\therefore a=4$　　　　　답 4

11

$P(x)=x^4+x^3-6x^2+ax+b$라 하면 $P(x)$가 $x+1$로 나누어떨어지고, $x-1$로 나누었을 때의 나머지가 -2이므로
$P(-1)=0,\ P(1)=-2$
$-6-a+b=0,\ -4+a+b=-2$
$\therefore a-b=-6,\ a+b=2$
두 식을 연립하여 풀면 $a=-2,\ b=4$
$\therefore ab=-8$　　　　　답 -8

12

$P(x)=x^3+ax^2+bx+3$이라 하면 $P(x)$가 $x-1$, $x+3$으로 각각 나누어떨어지므로
$P(1)=0,\ P(-3)=0$
$a+b+4=0,\ 9a-3b-24=0$
$\therefore a+b=-4,\ 3a-b=8$
두 식을 연립하여 풀면 $a=1,\ b=-5$
$\therefore a-b=6$　　　　　답 ③

13

$$\begin{array}{r|rrrr}
3 & 1 & -4 & 6 & -8 \\
  &   & 3 & -3 & 9 \\
\hline
  & 1 & -1 & 3 & \,1 \\
\end{array}$$

이므로 $a=-1,\ b=3,\ c=1$
$\therefore a+b+c=3$　　　　　답 ②

14

$P(t)=V(t)I(t)$에서
$t^3+8t^2+21t+20=(t+4)V(t)$
다음과 같이 조립제법을 이용하면

$$\begin{array}{r|rrrr}
-4 & 1 & 8 & 21 & 20 \\
   &   & -4 & -16 & -20 \\
\hline
   & 1 & 4 & 5 & \,0 \\
\end{array}$$

$\therefore V(t)=t^2+4t+5$　　　답 $V(t)=t^2+4t+5$

15

$4x^3-3x-2$를 $2x+1$로 나누었을 때의 몫과 나머지를 조립제법을 이용하여 구하면

$$\begin{array}{r|rrrr}
-\frac{1}{2} & 4 & 0 & -3 & -2 \\
   &   & -2 & 1 & 1 \\
\hline
   & 4 & -2 & -2 & \,-1 \\
\end{array}$$

$4x^3-3x-2$
$=\left(x+\dfrac{1}{2}\right)(4x^2-2x-2)-1$
$=(2x+1)(2x^2-x-1)-1$
이므로 몫은 $2x^2-x-1$, 나머지는 -1이다.

답 몫: $2x^2-x-1$, 나머지: -1

[**03** 인수분해]

<table>
<tr><td colspan="2">**교과서 유형 흐름잡기**</td><td>▶ 본문 19~21쪽</td></tr>
</table>

유형 **1** ①	**1**-1 $(x+2y+1)(x-3y+4)$
	1-2 $(x+y-3)(3x-2y+1)$
유형 **2** ①	**2**-1 $(3x-2y)^3$
	2-2 $(a^2+3ab+9b^2)(a^2-3ab+9b^2)$
유형 **3** ④	**3**-1 $(x+1)(x-1)(x-2)(x-4)$
	3-2 -17
유형 **4** ④	**4**-1 $(x+3)(x+1)(x-1)(x-3)$
	4-2 ④
유형 **5** ①	**5**-1 $(x-3y-6)(x-3y+2)$
	5-2 $(x-y)(y-z)(x-z)$
유형 **6** ④	**6**-1 $(x+1)(x-2)(x-3)$
	6-2 ①

유형 **1**

$x^2-(3y+1)x+(y+2)(2y-1)$

$$\begin{array}{ccc} x & \quad -(y+2) & \to \quad -(y+2)x \\ x & \quad -(2y-1) & \to \quad +)\,-(2y-1)x \\ & & \overline{\quad -(3y+1)x} \end{array}$$

이므로
$x^2-(3y+1)x+(y+2)(2y-1)$
$=(x-y-2)(x-2y+1)$
따라서 $a=-1$, $b=-2$, $c=-2$이므로
$a+b+c=-5$

답 ①

1-1

$x^2-(y-5)x-(2y+1)(3y-4)$

$$\begin{array}{ccc} x & \quad 2y+1 & \to \quad (2y+1)x \\ x & \quad -(3y-4) & \to \quad +)\,-(3y-4)x \\ & & \overline{\quad -(y-5)x} \end{array}$$

이므로
$x^2-(y-5)x-(2y+1)(3y-4)$
$=(x+2y+1)(x-3y+4)$

답 $(x+2y+1)(x-3y+4)$

1-2

$3x^2+(y-8)x-2y^2+7y-3$
$=3x^2+(y-8)x+(-2y+1)(y-3)$
$=\{x+(y-3)\}\{3x+(-2y+1)\}$
$=(x+y-3)(3x-2y+1)$

답 $(x+y-3)(3x-2y+1)$

유형 **2**

$4x^2+9y^2+25+12xy-30y-20x$
$=(2x)^2+(3y)^2+(-5)^2+2\cdot2x\cdot3y+2\cdot3y\cdot(-5)$
$\qquad\qquad\qquad\qquad\qquad +2\cdot(-5)\cdot2x$
$=(2x+3y-5)^2$
따라서 $a=3$, $b=-5$이므로
$a-b=8$

답 ①

다른풀이

$4x^2+9y^2+25+12xy-30y-20x$
$=4x^2+(12y-20)x+(9y^2-30y+25)$
$=(2x)^2+2\cdot2x\cdot(3y-5)+(3y-5)^2$
$=(2x+3y-5)^2$

2-1

$27x^3-54x^2y+36xy^2-8y^3$
$=(3x)^3-3\cdot(3x)^2\cdot2y+3\cdot3x\cdot(2y)^2-(2y)^3$
$=(3x-2y)^3$

답 $(3x-2y)^3$

2-2

$a^4+9a^2b^2+81b^4=a^4+a^2\cdot(3b)^2+(3b)^4$
$\qquad=\{a^2+a\cdot3b+(3b)^2\}\{a^2-a\cdot3b+(3b)^2\}$
$\qquad=(a^2+3ab+9b^2)(a^2-3ab+9b^2)$

답 $(a^2+3ab+9b^2)(a^2-3ab+9b^2)$

다른풀이

$a^4+9a^2b^2+81b^4=(a^2)^2+18a^2b^2+(9b^2)^2-9a^2b^2$
$\qquad=(a^2+9b^2)^2-(3ab)^2$
$\qquad=(a^2+3ab+9b^2)(a^2-3ab+9b^2)$

유형 **3**

$x^2+2x=X$로 치환하면
(주어진 식)$=X(X-11)+24$
$\qquad=X^2-11X+24$
$\qquad=(X-8)(X-3)$
$\qquad=(x^2+2x-8)(x^2+2x-3)$
$\qquad=(x+4)(x-2)(x+3)(x-1)$
$\qquad=(x+4)(x+a)(x+b)(x+c)$
$\therefore\ a^2+b^2+c^2=(-2)^2+3^2+(-1)^2=14$

답 ④

3-1

$x^2-3x=X$로 치환하면
(주어진 식)$=X(X-2)-8=X^2-2X-8$
$\qquad=(X-4)(X+2)$
$\qquad=(x^2-3x-4)(x^2-3x+2)$
$\qquad=(x-4)(x+1)(x-2)(x-1)$

답 $(x+1)(x-1)(x-2)(x-4)$

$(x+2)(x+1)(x-4)(x-5)+8$
$=\{(x+1)(x-4)\}\{(x+2)(x-5)\}+8$
$=(x^2-3x-4)(x^2-3x-10)+8$
$x^2-3x=X$로 치환하면
$(주어진 식)=(X-4)(X-10)+8$
$\qquad\qquad =X^2-14X+48$
$\qquad\qquad =(X-6)(X-8)$
$\qquad\qquad =(x^2-3x-6)(x^2-3x-8)$
$\qquad\qquad =(x^2+ax+b)(x^2+ax+c)$
$\therefore a+b+c=(-3)+(-6)+(-8)=-17$ 　　답 -17

유형 4

$x^2=X$로 치환하면
$(주어진 식)=X^2-5X+4=(X-1)(X-4)$
$\qquad\qquad =(x^2-1)(x^2-4)$
$\qquad\qquad =(x+1)(x-1)(x+2)(x-2)$
$\qquad\qquad =(x+1)(x+a)(x+b)(x+c)$
$\therefore a^2+b^2+c^2=(-1)^2+2^2+(-2)^2=9$ 　답 ④

4-1

$x^2=X$로 치환하면
$(주어진 식)=X^2-10X+9$
$\qquad\qquad =(X-9)(X-1)$
$\qquad\qquad =(x^2-9)(x^2-1)$
$\qquad\qquad =(x+3)(x-3)(x+1)(x-1)$
답 $(x+3)(x+1)(x-1)(x-3)$

4-2

$x^2=X,\ y^2=Y$로 치환하면
$(주어진 식)=X^2-13XY+36Y^2$
$\qquad\qquad =(X-4Y)(X-9Y)$
$\qquad\qquad =(x^2-4y^2)(x^2-9y^2)$
$\qquad\qquad =(x+2y)(x-2y)(x+3y)(x-3y)$
따라서 $a=3,\ b=-2,\ c=-3$이므로
$\dfrac{ab}{c}=\dfrac{3\cdot(-2)}{-3}=2$ 　　답 ④

유형 5

$x^2-4xy+4y^2-3x+6y-10$
$=x^2-(4y+3)x+4y^2+6y-10$
$=x^2-(4y+3)x+2(y-1)(2y+5)$
$=\{x-2(y-1)\}\{x-(2y+5)\}$
$=(x-2y+2)(x-2y-5)$
$=(x+ay+b)(x+ay+c)$
$\therefore a+b+c=(-2)+2+(-5)=-5$ 　　답 ①

다른풀이

$x^2-4xy+4y^2-3x+6y-10$
$=(x-2y)^2-3(x-2y)-10$
$x-2y=X$로 치환하면
$(주어진 식)=X^2-3X-10$
$\qquad\qquad =(X+2)(X-5)$
$\qquad\qquad =(x-2y+2)(x-2y-5)$

5-1

$x^2-6xy+9y^2-4x+12y-12$
$=x^2-2(3y+2)x+9y^2+12y-12$
$=x^2-2(3y+2)x+3(y+2)(3y-2)$
$=\{x-3(y+2)\}\{x-(3y-2)\}$
$=(x-3y-6)(x-3y+2)$ 　답 $(x-3y-6)(x-3y+2)$

다른풀이

$x^2-6xy+9y^2-4x+12y-12$
$=(x-3y)^2-4(x-3y)-12$
$x-3y=X$로 치환하면
$(주어진 식)=X^2-4X-12$
$\qquad\qquad =(X-6)(X+2)$
$\qquad\qquad =(x-3y-6)(x-3y+2)$

5-2

$x^2(y-z)+y^2(z-x)+z^2(x-y)$
$=(y-z)x^2-(y^2-z^2)x+y^2z-yz^2$
$=(y-z)x^2-(y-z)(y+z)x+yz(y-z)$
$=(y-z)\{x^2-(y+z)x+yz\}$
$=(y-z)(x-y)(x-z)$
$=(x-y)(y-z)(x-z)$ 　답 $(x-y)(y-z)(x-z)$

참고 y나 z에 대하여 내림차순으로 정리한 후 인수분해해도 그 결과는 같다.

유형 6

$P(x)=x^3+6x^2-4x-24$라 하면
$P(2)=8+24-8-24=0$
이므로 오른쪽과 같이 조립제법
을 이용하여 $P(x)$를 인수분해
하면

$$\begin{array}{r|rrrr} 2 & 1 & 6 & -4 & -24 \\ & & 2 & 16 & 24 \\ \hline & 1 & 8 & 12 & 0 \end{array}$$

$x^3+6x^2-4x-24=(x-2)(x^2+8x+12)$
$\qquad\qquad\qquad\qquad =(x-2)(x+2)(x+6)$
$\qquad\qquad\qquad\qquad =(x+a)(x+b)(x+c)$
$\therefore a^2+b^2+c^2=(-2)^2+2^2+6^2=44$ 　　답 ④

6-1

$P(x)=x^3-4x^2+x+6$이라 하면
$P(-1)=-1-4-1+6=0$

이므로 오른쪽과 같이 조립제법
을 이용하여 $P(x)$를 인수분해
하면

$$\begin{array}{r|rrrr} -1 & 1 & -4 & 1 & 6 \\ & & -1 & 5 & -6 \\ \hline & 1 & -5 & 6 & \,|\ 0 \end{array}$$

x^3-4x^2+x+6
$=(x+1)(x^2-5x+6)$
$=(x+1)(x-2)(x-3)$ 답 $(x+1)(x-2)(x-3)$

6-2

$P(x)=3x^3+ax^2-19x+6$이라 하면 $P(x)$가 $x-2$를 인수로
가지므로

$P(2)=24+4a-38+6=0$ $\therefore a=2$

$P(x)=3x^3+2x^2-19x+6$이
므로 오른쪽과 같이 조립제법을
이용하여 $P(x)$를 인수분해하면

$$\begin{array}{r|rrrr} 2 & 3 & 2 & -19 & 6 \\ & & 6 & 16 & -6 \\ \hline & 3 & 8 & -3 & \,|\ 0 \end{array}$$

$3x^3+2x^2-19x+6=(x-2)(3x^2+8x-3)$
$=(x-2)(x+3)(3x-1)$
$=(3x+b)(x+c)(x-2)$

$\therefore b=-1,\ c=3$

$\therefore a+b+c=4$ 답 ①

교과서 문제 정복하기   ▶ 본문 22~23쪽

01 $(x-2)(x-2y+2)$ 02 $(a+2b-3c)^2$
03 $(x-3y)(x+3y)(x^2+9y^2)$ 04 ②
05 -8 06 2   07 ③
08 $(a+b)(a-b)(b-c)$
09 $(a+b)(b+c)(c+a)$
10 $(x-2)(x^2-2x+2)$ 11 ⑤   12 1
13 15   14 15   15 6

01

$x^2-2xy+4y-4$
$=x^2-2yx+4(y-1)$

$$\begin{array}{ccc} x & \diagdown & -2 & \to & -2x \\ x & \diagup & -2(y-1) & \to & \underline{+)\ -2(y-1)x} \\ & & & & -2yx \end{array}$$

이므로

$x^2-2xy+4y-4=(x-2)\{x-2(y-1)\}$
$=(x-2)(x-2y+2)$
   답 $(x-2)(x-2y+2)$

02

$a^2+4b^2+9c^2+4ab-12bc-6ca$
$=a^2+(2b)^2+(-3c)^2+2\cdot a\cdot 2b+2\cdot 2b\cdot(-3c)$
$+2\cdot(-3c)\cdot a$
$=(a+2b-3c)^2$ 답 $(a+2b-3c)^2$

03

$x^4-81y^4=(x^2)^2-(9y^2)^2$
$=(x^2-9y^2)(x^2+9y^2)$
$=(x-3y)(x+3y)(x^2+9y^2)$
   답 $(x-3y)(x+3y)(x^2+9y^2)$

04

$2x-3y=X$로 치환하면
(주어진 식)$=(X-1)(X+2)-4$
$=X^2+X-6$
$=(X+3)(X-2)$
$=(2x-3y+3)(2x-3y-2)$
$=(2x+ay+b)(2x+ay+c)$
$\therefore a+b+c=(-3)+3+(-2)=-2$ 답 ②

05

$x(x+2)(x-1)(x-3)+8$
$=\{x(x-1)\}\{(x+2)(x-3)\}+8$
$=(x^2-x)(x^2-x-6)+8$

$x^2-x=X$로 치환하면
(주어진 식)$=X(X-6)+8$
$=X^2-6X+8$
$=(X-2)(X-4)$
$=(x^2-x-2)(x^2-x-4)$
$=(x+1)(x-2)(x^2-x-4)$

따라서 $a=-2,\ b=-1,\ c=-4$이므로
$abc=-8$ 답 -8

06

$x^4+4=x^4+4x^2+4-4x^2$
$=(x^2+2)^2-(2x)^2$
$=(x^2+2x+2)(x^2-2x+2)$
$=(x^2+ax+b)(x^2+cx+b)$
$\therefore a+b+c=2+2+(-2)=2$ 답 2

07

x^4+2x^2+9를 인수분해하면
$x^4+2x^2+9=x^4+6x^2+9-4x^2$
$=(x^2+3)^2-(2x)^2$
$=(x^2+2x+3)(x^2-2x+3)$

또, $(x^2-2x)(x^2-2x-3)-18$에서 $x^2-2x=X$로 치환하면
$X(X-3)-18=X^2-3X-18$
$=(X-6)(X+3)$
$=(x^2-2x-6)(x^2-2x+3)$

즉, 두 다항식의 공통인수는 x^2-2x+3이므로
$a=-2,\ b=3$ $\therefore a+b=1$ 답 ③

08

주어진 식을 c에 대하여 내림차순으로 정리하면

$$\begin{aligned}
a^2b+b^2c-b^3-ca^2 &= (b^2-a^2)c+a^2b-b^3 \\
&= (b^2-a^2)c-b(b^2-a^2) \\
&= (b^2-a^2)(c-b) \\
&= (b+a)(b-a)(c-b) \\
&= (a+b)(a-b)(b-c)
\end{aligned}$$

답 $(a+b)(a-b)(b-c)$

09

주어진 식을 a에 대하여 내림차순으로 정리하면

$$\begin{aligned}
&2abc+a(b^2+c^2)+b(c^2+a^2)+c(a^2+b^2) \\
&= (b+c)a^2+(b^2+c^2+2bc)a+bc^2+b^2c \\
&= (b+c)a^2+(b+c)^2a+bc(b+c) \\
&= (b+c)\{a^2+(b+c)a+bc\} \\
&= (b+c)(a+b)(a+c)
\end{aligned}$$

답 $(a+b)(b+c)(c+a)$

10

$P(x)$가 $x-2$를 인수로 가지므로

$P(2)=8-16+12+a=0$ $\quad\therefore a=-4$

$P(x)=x^3-4x^2+6x-4$이므로 오른쪽과 같이 조립제법을 이용하여 $P(x)$를 인수분해하면

$$\begin{array}{r|rrrr}
2 & 1 & -4 & 6 & -4 \\
& & 2 & -4 & 4 \\ \hline
& 1 & -2 & 2 & 0
\end{array}$$

$$x^3-4x^2+6x-4=(x-2)(x^2-2x+2)$$

답 $(x-2)(x^2-2x+2)$

11

$P(x)=x^3-2x^2-5x+a$라 하면 $P(x)$가 $x-1$을 인수로 가지므로

$P(1)=1-2-5+a=0$ $\quad\therefore a=6$

$P(x)=x^3-2x^2-5x+6$이므로 오른쪽과 같이 조립제법을 이용하여 $P(x)$를 인수분해하면

$$\begin{array}{r|rrrr}
1 & 1 & -2 & -5 & 6 \\
& & 1 & -1 & -6 \\ \hline
& 1 & -1 & -6 & 0
\end{array}$$

$$\begin{aligned}
x^3-2x^2-5x+6 &= (x-1)(x^2-x-6) \\
&= (x-1)(x-3)(x+2) \\
&= (x-1)(x+b)(x+c)
\end{aligned}$$

$\therefore a^2+b^2+c^2=6^2+(-3)^2+2^2=49$

답 ⑤

12

$P(x)=x^3-2x^2-x+2$라 하면

$P(1)=0$이므로 오른쪽과 같이 조립제법을 이용하여 $P(x)$를 인수분해하면

$$\begin{array}{r|rrrr}
1 & 1 & -2 & -1 & 2 \\
& & 1 & -1 & -2 \\ \hline
& 1 & -1 & -2 & 0
\end{array}$$

$$\begin{aligned}
P(x) &= (x-1)(x^2-x-2) \\
&= (x-1)(x-2)(x+1)
\end{aligned}$$

$x^2-(a+1)x+a=(x-1)(x-a)$이므로

$x-a=x-2$ 또는 $x-a=x+1$

$\therefore a=2$ 또는 $a=-1$

따라서 모든 상수 a의 값의 합은 1이다.

답 1

13

밑면의 가로의 길이, 세로의 길이가 각각 $n+2$, $n+a$이고, 높이가 $n+b$인 직육면체의 부피는 $(n+2)(n+a)(n+b)$이므로 $n^3+10n^2+31n+30=(n+2)(n+a)(n+b)$

한편 $P(n)=n^3+10n^2+31n+30$이라 하면

$P(-2)=0$

따라서 오른쪽과 같이 조립제법을 이용하여 $P(n)$을 인수분해하면

$$\begin{array}{r|rrrr}
-2 & 1 & 10 & 31 & 30 \\
& & -2 & -16 & -30 \\ \hline
& 1 & 8 & 15 & 0
\end{array}$$

$$\begin{aligned}
&n^3+10n^2+31n+30 \\
&= (n+2)(n^2+8n+15) \\
&= (n+2)(n+3)(n+5)
\end{aligned}$$

$\therefore ab=3\cdot 5=15$

답 15

14

밑면의 반지름의 길이가 $x+a$, 높이가 $x+b$인 원기둥의 부피는 $\pi(x+a)^2\times(x+b)=(x+a)^2(x+b)\pi$이므로

$(x^3+25x^2+200x+500)\pi=(x+a)^2(x+b)\pi$

한편 $P(x)=x^3+25x^2+200x+500$이라 하면

$P(-10)=-1000+2500-2000+500=0$

따라서 오른쪽과 같이 조립제법을 이용하여 $P(x)$를 인수분해하면

$$\begin{array}{r|rrrr}
-10 & 1 & 25 & 200 & 500 \\
& & -10 & -150 & -500 \\ \hline
& 1 & 15 & 50 & 0
\end{array}$$

$$\begin{aligned}
&x^3+25x^2+200x+500 \\
&= (x+10)(x^2+15x+50) \\
&= (x+10)(x+10)(x+5) \\
&= (x+10)^2(x+5)
\end{aligned}$$

따라서 $a=10$, $b=5$이므로 $a+b=15$

답 15

15

$$\begin{aligned}
13^4-7^4 &= (13^2-7^2)(13^2+7^2) \\
&= (13-7)(13+7)\times 218 \\
&= 6\times 20\times 218
\end{aligned}$$

이므로 $a=6$

답 6

01 (1) $1-2\sqrt{2}$ (2) $-2-3\sqrt{2}$

(3) $-2+7\sqrt{3}$ (4) $\dfrac{18-7\sqrt{6}}{10}$

02 (1) $x=1$ 또는 $x=2$ (2) $x=\dfrac{-2\pm\sqrt{14}}{2}$

03 (1) $\left(\dfrac{1}{2},\ -\dfrac{9}{4}\right)$ (2) $(3,\ 2)$

04 (1) $(x-1)^2(x+3)$ (2) $(x-1)(x+1)(x^2+2)$

05 (1) $x=-4,\ y=-7$ (2) $x=2,\ y=-2$

06 (1) $x\geq3$ (2) $x>-\dfrac{1}{2}$

04 복소수

교과서 유형 흐름잡기 ▶ 본문 27~29쪽

유형 **1** ③	**1**-1 -2	**1**-2 ①
유형 **2** ①	**2**-1 -5	**2**-2 3
유형 **3** ④	**3**-1 $-4i$	**3**-2 37
유형 **4** ①	**4**-1 $3+i$	**4**-2 $4\pm3i$
유형 **5** ③	**5**-1 0	**5**-2 ①
유형 **6** ③	**6**-1 ⑤	**6**-2 0

유형 1

$x(3+2i)+2y-4i=7-2i$에서

$3x+2xi+2y-4i=7-2i$

$(3x+2y)+(2x-4)i=7-2i$

복소수가 서로 같을 조건에 의하여

$3x+2y=7,\ 2x-4=-2$

두 식을 연립하여 풀면 $x=1,\ y=2$

$\therefore x+y=3$ 답 ③

1-1

$x(2-3i)+y(5+4i)=1+10i$에서

$2x-3xi+5y+4yi=1+10i$

$(2x+5y)+(-3x+4y)i=1+10i$

복소수가 서로 같을 조건에 의하여

$2x+5y=1,\ -3x+4y=10$

두 식을 연립하여 풀면 $x=-2,\ y=1$

$\therefore xy=-2$ 답 -2

1-2

$\dfrac{x}{2+i}+\dfrac{y}{2-i}=4+4i$에서

$\dfrac{x(2-i)+y(2+i)}{(2+i)(2-i)}=4+4i$

$\dfrac{2x+2y}{5}+\dfrac{(-x+y)i}{5}=4+4i$

복소수가 서로 같을 조건에 의하여

$x+y=10,\ -x+y=20$

두 식을 연립하여 풀면 $x=-5,\ y=15$

$\therefore \dfrac{y}{x}=-3$ 답 ①

유형 2

$(2+i)x^2-(3-4i)x-2-12i$

$=(2x^2-3x-2)+(x^2+4x-12)i$

이 복소수가 순허수가 되려면

$2x^2-3x-2=0,\ x^2+4x-12\neq0$

$2x^2-3x-2=0$에서 $(2x+1)(x-2)=0$

$\therefore x=-\dfrac{1}{2}$ 또는 $x=2$ ······ ㉠

$x^2+4x-12\neq0$에서 $(x+6)(x-2)\neq0$

$\therefore x\neq-6$이고 $x\neq2$ ······ ㉡

㉠, ㉡에서 $x=-\dfrac{1}{2}$ 답 ①

2-1

$(1+2i)x^2+(4+i)x-5-3i$

$=(x^2+4x-5)+(2x^2+x-3)i$

이 복소수가 순허수가 되려면

$x^2+4x-5=0,\ 2x^2+x-3\neq0$

$x^2+4x-5=0$에서 $(x+5)(x-1)=0$

$\therefore x=-5$ 또는 $x=1$ ······ ㉠

$2x^2+x-3\neq0$에서 $(x-1)(2x+3)\neq0$

$\therefore x\neq-\dfrac{3}{2}$이고 $x\neq1$ ······ ㉡

㉠, ㉡에서 $x=-5$ 답 -5

2-2

$z=(1-i)x^2-3xi-9$

$=(x^2-9)-(x^2+3x)i$

$z^2<0$이 되려면 z가 순허수이어야 하므로

$x^2-9=0,\ x^2+3x\neq0$

$x^2-9=0$에서 $(x+3)(x-3)=0$

$\therefore x=-3$ 또는 $x=3$ ······ ㉠

$x^2+3x\neq0$에서 $x(x+3)\neq0$

$\therefore x\neq-3$이고 $x\neq0$ ······ ㉡

㉠, ㉡에서 $x=3$ 답 3

참고 복소수 $z=a+bi$ ($a,\ b$는 실수)에 대하여

① z^2이 실수이면 $a=0$ 또는 $b=0$

② z^2이 음의 실수이면 $a=0,\ b\neq0$

$x=\dfrac{2i}{1-i}$, $y=\dfrac{2i}{1+i}$에서

$x-y=\dfrac{2i}{1-i}-\dfrac{2i}{1+i}=\dfrac{2i\{(1+i)-(1-i)\}}{(1-i)(1+i)}$

$\qquad=\dfrac{2i\cdot 2i}{2}=-2$

$xy=\dfrac{2i}{1-i}\cdot\dfrac{2i}{1+i}=\dfrac{-4}{2}=-2$

$\therefore x^3-y^3=(x-y)^3+3xy(x-y)$

$\qquad\qquad=(-2)^3+3\cdot(-2)\cdot(-2)=4$ 답 ④

3-1

$x=\dfrac{5i}{2-i}$, $y=\dfrac{5i}{2+i}$에서

$x+y=\dfrac{5i}{2-i}+\dfrac{5i}{2+i}=\dfrac{5i\{(2+i)+(2-i)\}}{(2-i)(2+i)}$

$\qquad=\dfrac{5i\cdot 4}{5}=4i$

$xy=\dfrac{5i}{2-i}\cdot\dfrac{5i}{2+i}=\dfrac{-25}{5}=-5$

$\therefore x^3+y^3=(x+y)^3-3xy(x+y)$

$\qquad\qquad=(4i)^3-3\cdot(-5)\cdot 4i$

$\qquad\qquad=-64i+60i=-4i$ 답 $-4i$

3-2

$z_1\overline{z_1}-\overline{z_1}z_2-z_1\overline{z_2}+z_2\overline{z_2}=\overline{z_1}(z_1-z_2)-\overline{z_2}(z_1-z_2)$

$\qquad\qquad\qquad\qquad=(z_1-z_2)(\overline{z_1}-\overline{z_2})$

$\qquad\qquad\qquad\qquad=(z_1-z_2)(\overline{z_1-z_2})$

이때 $z_1=2-5i$, $z_2=3+i$이므로

$z_1-z_2=(2-5i)-(3+i)$

$\qquad\quad=-1-6i$

$\overline{z_1-z_2}=-1+6i$

$\therefore$ (주어진 식)$=(-1-6i)(-1+6i)=37$ 답 37

$z=a+bi$ $(a, b$는 실수)라 하면 $\overline{z}=a-bi$이므로

$(5-2i)z+i\overline{z}=13+3i$에서

$(5-2i)(a+bi)+i(a-bi)=13+3i$

$5a+5bi-2ai+2b+ai+b=13+3i$

$5a+3b+(-a+5b)i=13+3i$

복소수가 서로 같을 조건에 의하여

$5a+3b=13$, $-a+5b=3$

두 식을 연립하여 풀면 $a=2$, $b=1$

$\therefore z=2+i$ 답 ①

4-1

$z=a+bi$ $(a, b$는 실수)라 하면 $\overline{z}=a-bi$이므로

$(1-i)z+(2+3i)\overline{z}=13+5i$에서

$(1-i)(a+bi)+(2+3i)(a-bi)=13+5i$

$a+bi-ai+b+2a-2bi+3ai+3b=13+5i$

$3a+4b+(2a-b)i=13+5i$

복소수가 서로 같을 조건에 의하여

$3a+4b=13$, $2a-b=5$

두 식을 연립하여 풀면 $a=3$, $b=1$

$\therefore z=3+i$ 답 $3+i$

4-2

$z=a+bi$ $(a, b$는 실수)라 하면 $\overline{z}=a-bi$이므로

$z+\overline{z}=8$, $z\overline{z}=25$에서

$(a+bi)+(a-bi)=8$, $(a+bi)(a-bi)=25$

$2a=8$, $a^2+b^2=25$

두 식을 연립하여 풀면 $a=4$, $b=\pm 3$

$\therefore z=4\pm 3i$ 답 $4\pm 3i$

n이 음이 아닌 정수일 때, $i^{4n}=1$, $i^{4n+1}=i$, $i^{4n+2}=-1$,

$i^{4n+3}=-i$이므로

$i+i^2+i^3+i^4=i-1-i+1=0$

$\therefore i+i^2+i^3+\cdots+i^{100}$

$\quad=(i+i^2+i^3+i^4)+i^4(i+i^2+i^3+i^4)+i^8(i+i^2+i^3+i^4)$

$\qquad\qquad\qquad\qquad\qquad\qquad+\cdots+i^{96}(i+i^2+i^3+i^4)$

$\quad=0$ 답 ③

5-1

n이 음이 아닌 정수일 때, $i^{4n}=1$, $i^{4n+1}=i$, $i^{4n+2}=-1$,

$i^{4n+3}=-i$이므로

$i+i^3=i-i=0$

$\therefore i+i^3+i^5+\cdots+i^{99}$

$\quad=(i+i^3)+i^4(i+i^3)+i^8(i+i^3)+\cdots+i^{96}(i+i^3)$

$\quad=0$ 답 0

5-2

$\dfrac{1+i}{1-i}=\dfrac{(1+i)(1+i)}{(1-i)(1+i)}=\dfrac{2i}{2}=i$이므로

$\dfrac{1+i}{1-i}+\left(\dfrac{1+i}{1-i}\right)^2+\left(\dfrac{1+i}{1-i}\right)^3+\cdots+\left(\dfrac{1+i}{1-i}\right)^{10}$

$=i+i^2+i^3+\cdots+i^{10}$

$=(i+i^2+i^3+i^4)+i^4(i+i^2+i^3+i^4)+i^8(i+i^2)$

$=i-1$ 답 ①

$$\sqrt{-2}\sqrt{-8}+\sqrt{-4}\sqrt{9}+\frac{\sqrt{-12}}{\sqrt{-3}}+\frac{\sqrt{36}}{\sqrt{-4}}$$
$$=-\sqrt{16}+\sqrt{-36}+\sqrt{4}-\sqrt{-9}$$
$$=-4+6i+2-3i=-2+3i$$

따라서 $-2+3i=a+bi$이므로 복소수가 서로 같을 조건에 의하여

$a=-2,\ b=3 \qquad \therefore a+b=1$ 〔답〕 ③

6-1

$$\sqrt{-2}\sqrt{2}+\sqrt{-3}\sqrt{-27}+\frac{\sqrt{8}}{\sqrt{-2}}+\frac{\sqrt{-48}}{\sqrt{-3}}$$
$$=\sqrt{-4}-\sqrt{81}-\sqrt{-4}+\sqrt{16}$$
$$=2i-9-2i+4=-5$$

따라서 $-5=a+bi$이므로 복소수가 서로 같을 조건에 의하여

$a=-5,\ b=0 \qquad \therefore b-a=5$ 〔답〕 ⑤

6-2

$\dfrac{\sqrt{a}}{\sqrt{b}}=-\sqrt{\dfrac{a}{b}}$에서 $a>0,\ b<0 \qquad \therefore a-b>0$

$\therefore \sqrt{a^2}+\sqrt{b^2}-|a-b|=|a|+|b|-|a-b|$
$$=a-b-(a-b)=0$$ 〔답〕 0

교과서 문제 정복하기 ▶ 본문 30~31쪽

01 ④	**02** ③	**03** $3+2i$	**04** $24-18i$	**05** 18
06 ①	**07** 3	**08** 4	**09** ④	**10** 1
11 $2\pm3i$	**12** ③	**13** -2	**14** ①	
15 $-23+\dfrac{1}{2}i$				

01

$$(1-i)(3+2i)+(1+i)(3-i)$$
$$=3+2i-3i+2+3-i+3i+1$$
$$=9+i$$

따라서 $a=9,\ b=1$이므로 $a+b=10$ 〔답〕 ④

02

$$\frac{2}{2+i}+\frac{i}{2-i}=\frac{2(2-i)+i(2+i)}{(2+i)(2-i)}$$
$$=\frac{4-2i+2i-1}{5}=\frac{3}{5}$$ 〔답〕 ③

03

$Z=Z_1+Z_2$에서 $4+3i=(1+i)+Z_2$
$\therefore Z_2=(4+3i)-(1+i)=3+2i$ 〔답〕 $3+2i$

04

$V=450,\ I=12+9i$이고 $V=I\times Z$이므로

$$Z=\frac{V}{I}=\frac{450}{12+9i}=\frac{150}{4+3i}=\frac{150(4-3i)}{(4+3i)(4-3i)}$$
$$=\frac{600-450i}{25}=24-18i$$ 〔답〕 $24-18i$

05

$x(2-i)+3(1+2i)=9+yi$에서
$(2x+3)+(-x+6)i=9+yi$
복소수가 서로 같을 조건에 의하여
$2x+3=9,\ -x+6=y$
두 식을 연립하여 풀면 $x=3,\ y=3$
$\therefore x^2+y^2=18$ 〔답〕 18

06

$\dfrac{x}{3-i}+\dfrac{y}{3+i}=\dfrac{3}{10}+\dfrac{7}{10}i$에서

$$\frac{x(3+i)+y(3-i)}{(3-i)(3+i)}=\frac{3}{10}+\frac{7}{10}i$$
$$\frac{3(x+y)}{10}+\frac{(x-y)i}{10}=\frac{3}{10}+\frac{7}{10}i$$

복소수가 서로 같을 조건에 의하여
$x+y=1,\ x-y=7$
두 식을 연립하여 풀면 $x=4,\ y=-3$
$\therefore xy=-12$ 〔답〕 ①

07

$$(1+i)x^2+(-5+2i)x+6-8i$$
$$=(x^2-5x+6)+(x^2+2x-8)i$$
이 복소수가 순허수가 되려면
$x^2-5x+6=0,\ x^2+2x-8\neq0$
$x^2-5x+6=0$에서 $(x-2)(x-3)=0$
$\therefore x=2$ 또는 $x=3$ ······ ㉠
$x^2+2x-8\neq0$에서 $(x-2)(x+4)\neq0$
$\therefore x\neq-4$이고 $x\neq2$ ······ ㉡
㉠, ㉡에서 $x=3$ 〔답〕 3

08

$z=(x^2-3x-4)+(x^2+4x+3)i$에서 z^2이 음의 실수가 되려면 z가 순허수이어야 하므로
$x^2-3x-4=0,\ x^2+4x+3\neq0$
$x^2-3x-4=0$에서 $(x-4)(x+1)=0$
$\therefore x=-1$ 또는 $x=4$ ······ ㉠
$x^2+4x+3\neq0$에서 $(x+1)(x+3)\neq0$
$\therefore x\neq-3$이고 $x\neq-1$ ······ ㉡
㉠, ㉡에서 $x=4$ 〔답〕 4

09

$z_1+\overline{z_2}=5-4i$에서 $a-3i+2-bi=5-4i$
$(a+2)-(b+3)i=5-4i$
복소수가 서로 같을 조건에 의하여
$a+2=5,\ b+3=4$
따라서 $a=3,\ b=1$이므로 $a+b=4$ 답 ④

10

$z=a+bi\ (a,\ b$는 실수$)$라 하면 $\overline{z}=a-bi$이므로
$(1+i)z+(2+i)\overline{z}=i$에서
$(1+i)(a+bi)+(2+i)(a-bi)=i$
$a+bi+ai-b+2a-2bi+ai+b=i$
$3a+(2a-b)i=i$
복소수가 서로 같을 조건에 의하여
$3a=0,\ 2a-b=1$
두 식을 연립하여 풀면 $a=0,\ b=-1$
따라서 $z=-i,\ \overline{z}=i$이므로
$z\overline{z}=1$ 답 1

11

$z=a+bi\ (a,\ b$는 실수$)$라 하면 $\overline{z}=a-bi$이므로
$z+\overline{z}=4,\ z\overline{z}=13$에서
$(a+bi)+(a-bi)=4,\ (a+bi)(a-bi)=13$
$2a=4,\ a^2+b^2=13$
두 식을 연립하여 풀면 $a=2,\ b=\pm3$
$\therefore\ z=2\pm3i$ 답 $2\pm3i$

12

n이 음이 아닌 정수일 때, $i^{4n}=1,\ i^{4n+1}=i,\ i^{4n+2}=-1,$
$i^{4n+3}=-i$이므로
$i^2+i^4=-1+1=0$
$\therefore\ i^2+i^4+i^6+\cdots+i^{100}$
$\quad=(i^2+i^4)+i^4(i^2+i^4)+\cdots+i^{96}(i^2+i^4)$
$\quad=0$ 답 ③

13

$$\left(\frac{1+i}{\sqrt{2}}\right)^{100}+\left(\frac{1-i}{\sqrt{2}}\right)^{100}=\left\{\left(\frac{1+i}{\sqrt{2}}\right)^2\right\}^{50}+\left\{\left(\frac{1-i}{\sqrt{2}}\right)^2\right\}^{50}$$
$$=\left(\frac{2i}{2}\right)^{50}+\left(\frac{-2i}{2}\right)^{50}$$
$$=i^{50}+(-i)^{50}$$
$$=(i^4)^{12}\cdot i^2+(-1)^{50}\cdot(i^4)^{12}\cdot i^2$$
$$=i^2+i^2=2i^2=-2$$
답 -2

14

② $\sqrt{-2}\sqrt{5}=\sqrt{-10}$
③ $\dfrac{\sqrt{2}}{\sqrt{-5}}=-\sqrt{-\dfrac{2}{5}}$
④ $\dfrac{\sqrt{-2}}{\sqrt{-5}}=\sqrt{\dfrac{2}{5}}$
⑤ $\dfrac{\sqrt{-2}}{\sqrt{5}}=\sqrt{-\dfrac{2}{5}}$ 답 ①

15

$$\sqrt{-9}\sqrt{-81}+\frac{\sqrt{-64}}{\sqrt{-4}}-\frac{\sqrt{3}}{\sqrt{-12}}$$
$$=-\sqrt{729}+\sqrt{16}+\sqrt{-\frac{1}{4}}$$
$$=-27+4+\frac{1}{2}i$$
$$=-23+\frac{1}{2}i$$
답 $-23+\dfrac{1}{2}i$

교과서 유형 흐름잡기

▶ 본문 33~35쪽

유형 1 ②	1-1 2	1-2 ④
유형 2 ④	2-1 100	2-2 36
유형 3 ③	3-1 5	3-2 ④
유형 4 ③	4-1 −3	4-2 $\sqrt{6}$
유형 5 ③	5-1 $x^2-2x-4=0$	5-2 $2x^2+6x-20=0$
유형 6 ⑤	6-1 2	6-2 30

유형 1

이차방정식 $x^2-2kx+k-4=0$의 한 근이 1이므로

$1^2-2k\cdot1+k-4=0$ $\quad\therefore k=-3$

$k=-3$을 주어진 이차방정식에 대입하면

$x^2+6x-7=0, (x+7)(x-1)=0$

$\therefore x=-7$ 또는 $x=1$

따라서 다른 한 근은 −7이다. **답** ②

1-1

이차방정식 $x^2+kx-k+1=0$의 한 근이 3이므로

$3^2+k\cdot3-k+1=0$ $\quad\therefore k=-5$

$k=-5$를 주어진 이차방정식에 대입하면

$x^2-5x+6=0, (x-2)(x-3)=0$

$\therefore x=2$ 또는 $x=3$

따라서 다른 한 근은 2이다. **답** 2

1-2

x에 대한 이차방정식 $x^2-4kx+k^2+3=0$의 한 근이 1이므로

$1^2-4k\cdot1+k^2+3=0, k^2-4k+4=0$

$(k-2)^2=0$ $\quad\therefore k=2$

$k=2$를 주어진 이차방정식에 대입하면

$x^2-8x+7=0, (x-1)(x-7)=0$

$\therefore x=1$ 또는 $x=7$

따라서 $\alpha=7$이므로

$k+\alpha=9$ **답** ④

유형 2

$(x+2)(x-3)=50$에서 $x^2-x-56=0$

$(x+7)(x-8)=0$ $\quad\therefore x=8 (\because x>3)$

따라서 처음 정사각형의 넓이는 $8\cdot8=64$이다. **답** ④

2-1

$(x+4)(x-6)=56$에서 $x^2-2x-80=0$

$(x+8)(x-10)=0$ $\quad\therefore x=10 (\because x>6)$

따라서 처음 정사각형의 넓이는 $10\cdot10=100$이다. **답** 100

2-2

$(x+3)(x+2)=2x^2$에서 $x^2-5x-6=0$

$(x+1)(x-6)=0$

$\therefore x=6 (\because x>0)$

따라서 처음 정사각형의 넓이는 $6\cdot6=36$이다. **답** 36

유형 3

이차방정식 $x^2-2(k+1)x+k^2+3k-8=0$의 판별식을 D라 하면

$\dfrac{D}{4}=(k+1)^2-(k^2+3k-8)>0$

$k^2+2k+1-k^2-3k+8>0$

$-k+9>0$

$\therefore k<9$

따라서 자연수 k의 최댓값은 8이다. **답** ③

3-1

이차방정식 $x^2-2(k-3)x+k^2-4k-3=0$의 판별식을 D라 하면

$\dfrac{D}{4}=(k-3)^2-(k^2-4k-3)>0$

$k^2-6k+9-k^2+4k+3>0$

$-2k+12>0$

$\therefore k<6$

따라서 자연수 k의 최댓값은 5이다. **답** 5

3-2

이차방정식 $x^2-(k-1)x+k^2-k-1=0$의 판별식을 D라 하면

$D=(k-1)^2-4(k^2-k-1)=0$

$k^2-2k+1-4k^2+4k+4=0$

$3k^2-2k-5=0, (k+1)(3k-5)=0$

$\therefore k=\dfrac{5}{3} (\because k>0)$

따라서 주어진 이차방정식은 $x^2-\dfrac{2}{3}x+\dfrac{1}{9}=0$이므로

$9x^2-6x+1=0, (3x-1)^2=0$

$\therefore x=\dfrac{1}{3}$

따라서 $\alpha=\dfrac{1}{3}$이므로

$k+\alpha=2$ **답** ④

유형 4

근과 계수의 관계에 의하여

$\alpha+\beta=3, \alpha\beta=-2$

$\therefore \alpha^3+\beta^3=(\alpha+\beta)^3-3\alpha\beta(\alpha+\beta)$

$\qquad=3^3-3\cdot(-2)\cdot3=45$ **답** ③

4-1

근과 계수의 관계에 의하여
$\alpha+\beta=2,\ \alpha\beta=-4$

$\therefore \dfrac{\beta}{\alpha}+\dfrac{\alpha}{\beta}=\dfrac{\alpha^2+\beta^2}{\alpha\beta}$

$\qquad\qquad =\dfrac{(\alpha+\beta)^2-2\alpha\beta}{\alpha\beta}$

$\qquad\qquad =\dfrac{2^2-2\cdot(-4)}{-4}=-3$

답 -3

4-2

근과 계수의 관계에 의하여
$\alpha+\beta=4,\ \alpha\beta=1$ …… ㉠

$\therefore (\sqrt{\alpha}+\sqrt{\beta})^2=\alpha+\beta+2\sqrt{\alpha}\sqrt{\beta}$

$\qquad\qquad\quad =\alpha+\beta+2\sqrt{\alpha\beta}\ (\because ㉠에서\ \alpha>0,\ \beta>0)$

$\qquad\qquad\quad =4+2\cdot1=6$

$\therefore \sqrt{\alpha}+\sqrt{\beta}=\sqrt{6}$

답 $\sqrt{6}$

유형 5

이차방정식 $x^2-5x-3=0$의 두 근이 $\alpha,\ \beta$이므로
근과 계수의 관계에 의하여
$\alpha+\beta=5,\ \alpha\beta=-3$

$\therefore (\alpha+2)+(\beta+2)=(\alpha+\beta)+4=5+4=9$

$\quad (\alpha+2)(\beta+2)=\alpha\beta+2(\alpha+\beta)+4$

$\qquad\qquad\qquad\quad =-3+2\cdot5+4=11$

따라서 $\alpha+2,\ \beta+2$를 두 근으로 하고 x^2의 계수가 1인 이차방정식은 $x^2-9x+11=0$

답   ③

5-1

이차방정식 $x^2-4x-1=0$의 두 근이 $\alpha,\ \beta$이므로
근과 계수의 관계에 의하여
$\alpha+\beta=4,\ \alpha\beta=-1$

$\therefore (\alpha-1)+(\beta-1)=(\alpha+\beta)-2=4-2=2$

$\quad (\alpha-1)(\beta-1)=\alpha\beta-(\alpha+\beta)+1$

$\qquad\qquad\qquad\quad =-1-4+1=-4$

따라서 $\alpha-1,\ \beta-1$을 두 근으로 하고 x^2의 계수가 1인 이차방정식은 $x^2-2x-4=0$

답 $x^2-2x-4=0$

5-2

이차방정식 $x^2-2x-5=0$의 두 근이 $\alpha,\ \beta$이므로
근과 계수의 관계에 의하여
$\alpha+\beta=2,\ \alpha\beta=-5$

$\therefore (\alpha+\beta)+\alpha\beta=2+(-5)=-3$

$\quad (\alpha+\beta)\alpha\beta=2\cdot(-5)=-10$

따라서 $\alpha+\beta,\ \alpha\beta$를 두 근으로 하고 x^2의 계수가 2인 이차방정식은 $2(x^2+3x-10)=0$

$\therefore 2x^2+6x-20=0$

답 $2x^2+6x-20=0$

유형 6

$a,\ b$가 실수이므로 이차방정식 $x^2+ax+b=0$의 한 근이 $1-2i$이면 다른 한 근은 $1+2i$이다.
따라서 근과 계수의 관계에 의하여
$(1-2i)+(1+2i)=-a,\ (1-2i)(1+2i)=b$

$\therefore a=-2,\ b=5$

$\therefore ab=-10$

답   ⑤

6-1

$a,\ b$가 유리수이므로 이차방정식 $x^2+ax+b=0$의 한 근이 $1+\sqrt{2}$이면 다른 한 근은 $1-\sqrt{2}$이다.
따라서 근과 계수의 관계에 의하여
$(1+\sqrt{2})+(1-\sqrt{2})=-a,\ (1+\sqrt{2})(1-\sqrt{2})=b$

$\therefore a=-2,\ b=-1$

$\therefore \dfrac{a}{b}=2$

답   2

6-2

$a,\ b$가 실수이므로 $a-b,\ ab$도 실수이다.
즉, 이차방정식 $x^2+(a-b)x+ab=0$의 한 근이 $2-\sqrt{3}i$이면 다른 한 근은 $2+\sqrt{3}i$이다.
따라서 근과 계수의 관계에 의하여
$(2-\sqrt{3}i)+(2+\sqrt{3}i)=-(a-b),\ (2-\sqrt{3}i)(2+\sqrt{3}i)=ab$

$\therefore a-b=-4,\ ab=7$

$\therefore a^2+b^2=(a-b)^2+2ab$

$\qquad\qquad =(-4)^2+2\cdot7=30$

답   30

교과서 문제 정복하기   ▶본문 36~37쪽

01 -5	**02** ③	**03** 36	**04** 1	**05** ④
06 $-\sqrt{13},\ \sqrt{13}$		**07** 1, 2	**08** 만들 수 없다.	
09 ①	**10** 40	**11** 8	**12** $x^2-9x+9=0$	
13 $3x^2-x-1=0$		**14** -4	**15** ②	

01

이차방정식 $x^2-(k+1)x+3k+2=0$의 한 근이 2이므로
$2^2-(k+1)\cdot2+3k+2=0$ $\therefore k=-4$

$k=-4$를 주어진 이차방정식에 대입하면
$x^2+3x-10=0,\ (x+5)(x-2)=0$

$\therefore x=-5\ 또는\ x=2$

따라서 다른 한 근은 -5이다.

답 -5

02

이차방정식 $x^2-2mx+m-5=0$의 한 근이 1이므로
$1^2-2m\cdot1+m-5=0$ $\therefore m=-4$

$m=-4$를 주어진 이차방정식에 대입하면

$x^2+8x-9=0$, $(x+9)(x-1)=0$

$\therefore x=-9$ 또는 $x=1$

따라서 $a=-9$이므로

$m+a=-13$ 답 ③

03

$(x+3)(x-4)=\dfrac{1}{2}x^2$에서 $x^2-2x-24=0$

$(x+4)(x-6)=0$

$\therefore x=6\ (\because x>4)$

따라서 처음 정사각형의 넓이는

$6\cdot6=36$ 답 36

04

$(5-x)(3+x)=16x$에서 $x^2+14x-15=0$

$(x+15)(x-1)=0$

$\therefore x=1\ (\because 0<x<5)$ 답 1

05

이차방정식 $x^2-2kx+k^2+2k-15=0$의 판별식을 D라 하면

$\dfrac{D}{4}=k^2-(k^2+2k-15)>0$

$-2k+15>0$

$\therefore k<\dfrac{15}{2}$

따라서 자연수 k의 최댓값은 7이다. 답 ④

06

이차방정식 $x^2-2(k-3)x+2k^2-6k-4=0$의 판별식을 D라 하면

$\dfrac{D}{4}=(k-3)^2-(2k^2-6k-4)=0$

$k^2-6k+9-2k^2+6k+4=0$

$k^2=13$

$\therefore k=-\sqrt{13}$ 또는 $k=\sqrt{13}$ 답 $-\sqrt{13},\ \sqrt{13}$

07

뽑은 2개의 공에 적힌 수 중에서 처음에 x의 계수와 상수항의 자리에 적은 수를 각각 p, $q\ (p\neq q)$라 하면 이차방정식 $x^2+px+q=0$은 서로 다른 두 허근을 가지므로

$p^2-4q<0$ …… ㉠

이차방정식 $x^2+qx+p=0$은 중근을 가지므로

$q^2-4p=0$ …… ㉡

이때 ㉡을 만족시키는 순서쌍 $(p,\ q)$는

$(1,\ 2),\ (9,\ 6)$

이 중에서 ㉠을 만족시키는 순서쌍 $(p,\ q)$는

$(1,\ 2)$

따라서 뽑은 2개의 공에 적힌 두 수는 1과 2이다. 답 1, 2

08

액자의 가로의 길이를 $x\,\mathrm{cm}$라 하면 세로의 길이는 $(50-x)\,\mathrm{cm}$이므로

$x(50-x)=650$, 즉 $x^2-50x+650=0\ (0<x<50)$

이 이차방정식의 판별식을 D라 하면

$\dfrac{D}{4}=(-25)^2-650=-25<0$

이므로 이 이차방정식은 서로 다른 두 허근을 갖는다.

따라서 조건을 모두 만족시키는 실수 x는 존재하지 않으므로 목공예가는 액자를 만들 수 없다. 답 만들 수 없다.

09

근과 계수의 관계에 의하여

$\alpha+\beta=-2,\ \alpha\beta=-\dfrac{2}{3}$

$\therefore \dfrac{\beta}{\alpha}+\dfrac{\alpha}{\beta}=\dfrac{\alpha^2+\beta^2}{\alpha\beta}=\dfrac{(\alpha+\beta)^2-2\alpha\beta}{\alpha\beta}$

$=\dfrac{2^2-2\cdot\left(-\dfrac{2}{3}\right)}{-\dfrac{2}{3}}=-8$ 답 ①

10

근과 계수의 관계에 의하여

$\alpha+\beta=-2,\ \alpha\beta=-5$

$\therefore (\alpha^2+1)(\beta^2+1)=\alpha^2\beta^2+\alpha^2+\beta^2+1$

$=(\alpha\beta)^2+\{(\alpha+\beta)^2-2\alpha\beta\}+1$

$=(-5)^2+\{(-2)^2-2\cdot(-5)\}+1$

$=40$ 답 40

11

이차방정식 $x^2-ax+a-4=0$의 두 근을 α, β라 하면

근과 계수의 관계에 의하여

$\alpha+\beta=a,\ \alpha\beta=a-4$

이때 두 근의 합이 12이므로 $a=12$

따라서 두 근의 곱은 $12-4=8$이다. 답 8

12

근과 계수의 관계에 의하여

$\alpha+\beta=3,\ \alpha\beta=1$

$\therefore (\alpha^2+1)+(\beta^2+1)=\alpha^2+\beta^2+2$

$=(\alpha+\beta)^2-2\alpha\beta+2$

$=3^2-2\cdot1+2=9$

$(\alpha^2+1)(\beta^2+1)=\alpha^2\beta^2+\alpha^2+\beta^2+1$

$=(\alpha\beta)^2+\{(\alpha+\beta)^2-2\alpha\beta\}+1$

$=1^2+(3^2-2\cdot1)+1=9$

따라서 α^2+1, β^2+1을 두 근으로 하고 x^2의 계수가 1인 이차방정식은 $x^2-9x+9=0$ 답 $x^2-9x+9=0$

13

근과 계수와의 관계에 의하여

$\alpha+\beta=1$, $\alpha\beta=-3$

$$\therefore \frac{1}{\alpha-1}+\frac{1}{\beta-1}=\frac{(\beta-1)+(\alpha-1)}{(\alpha-1)(\beta-1)}$$
$$=\frac{\alpha+\beta-2}{\alpha\beta-(\alpha+\beta)+1}$$
$$=\frac{1-2}{-3-1+1}=\frac{1}{3}$$

$$\frac{1}{\alpha-1}\cdot\frac{1}{\beta-1}=\frac{1}{(\alpha-1)(\beta-1)}$$
$$=\frac{1}{\alpha\beta-(\alpha+\beta)+1}$$
$$=\frac{1}{-3-1+1}=-\frac{1}{3}$$

따라서 $\dfrac{1}{\alpha-1}$, $\dfrac{1}{\beta-1}$을 두 근으로 하고 x^2의 계수가 3인 이차

방정식은

$$3\left(x^2-\frac{1}{3}x-\frac{1}{3}\right)=0$$

$$\therefore 3x^2-x-1=0$$

답 $3x^2-x-1=0$

14

a, b가 유리수이므로 $x^2+ax+b=0$의 한 근이 $2+\sqrt{3}$이면 다른 한 근은 $2-\sqrt{3}$이다.

따라서 근과 계수의 관계에 의하여

$(2+\sqrt{3})+(2-\sqrt{3})=-a$, $(2+\sqrt{3})(2-\sqrt{3})=b$

$\therefore a=-4$, $b=1$

$\therefore ab=-4$

답 -4

15

a, b가 실수이므로 $a-b$, ab도 실수이다.

즉, 이차방정식 $x^2+(a-b)x+ab=0$의 한 근이 $2+i$이면 다른 한 근은 $2-i$이다.

따라서 근과 계수의 관계에 의하여

$(2+i)+(2-i)=-(a-b)$, $(2+i)(2-i)=ab$

$\therefore a-b=-4$, $ab=5$

$$\therefore (a+b)^2=(a-b)^2+4ab$$
$$=(-4)^2+4\cdot5=36$$

답 ②

[06 이차방정식과 이차함수]

▶ 본문 39~41쪽

교과서 유형 흐름잡기

유형 1 ②	1-1 30	1-2 6
유형 2 ④	2-1 −2	2-2 −3
유형 3 ④	3-1 7	3-2 4
유형 4 ③	4-1 −16	4-2 ②
유형 5 ④	5-1 9	5-2 7
유형 6 ⑤	6-1 ④	6-2 9

유형 1

이차함수 $y=x^2+ax+b$의 그래프와 x축의 교점의 x좌표가 -2, 3이므로 -2, 3은 이차방정식 $x^2+ax+b=0$의 두 근이다.

따라서 근과 계수의 관계에 의하여

$-2+3=-a$, $-2\cdot3=b$

이므로 $a=-1$, $b=-6$

$\therefore a+b=-7$

답 ②

다른풀이

이차항의 계수가 1이고 이차함수의 그래프와 x축의 교점의 좌표가 $(-2, 0)$, $(3, 0)$이므로

$y=(x+2)(x-3)=x^2-x-6$

따라서 $a=-1$, $b=-6$이므로 $a+b=-7$

1-1

이차함수 $y=x^2+ax+b$의 그래프와 x축의 교점의 x좌표가 -3, 5이므로 -3, 5는 이차방정식 $x^2+ax+b=0$의 두 근이다.

따라서 근과 계수의 관계에 의하여

$-3+5=-a$, $-3\cdot5=b$

$\therefore a=-2$, $b=-15$

$\therefore ab=30$

답 30

다른풀이

이차항의 계수가 1이고 이차함수의 그래프와 x축의 교점의 좌표가 $(-3, 0)$, $(5, 0)$이므로

$y=(x+3)(x-5)=x^2-2x-15$

따라서 $a=-2$, $b=-15$이므로 $ab=30$

1-2

이차항의 계수가 a이고 이차함수의 그래프와 x축의 교점의 좌표가 $(-2, 0)$, $(1, 0)$이므로

$y=a(x+2)(x-1)=ax^2+ax-2a$

즉, $b=a$, $c=-2a$

이때 그래프의 y절편이 -2이므로 $-2a=-2$

$\therefore a=1$, $b=1$, $c=-2$

$\therefore a^2+b^2+c^2=6$

답 6

유형2

이차함수 $y=x^2-2kx+2k^2+4k-5$의 그래프가 x축에 접하므로 방정식 $x^2-2kx+2k^2+4k-5=0$의 판별식을 D라 할 때

$$\frac{D}{4}=k^2-(2k^2+4k-5)=0$$

$k^2+4k-5=0,\ (k+5)(k-1)=0$

$\therefore k=-5$ 또는 $k=1$

따라서 모든 실수 k의 값의 합은 $-5+1=-4$이다.

답 ④

2-1

이차함수 $y=x^2-(k-1)x+k^2+k-2$의 그래프가 x축에 접하므로 방정식 $x^2-(k-1)x+k^2+k-2=0$의 판별식을 D라 할 때

$D=(k-1)^2-4(k^2+k-2)=0$

$k^2-2k+1-4k^2-4k+8=0$

$k^2+2k-3=0,\ (k+3)(k-1)=0$

$\therefore k=-3$ 또는 $k=1$

따라서 모든 실수 k의 값의 합은 $-3+1=-2$이다.

답 -2

2-2

이차함수 $y=x^2-2(k+1)x+k^2-7$의 그래프가 x축과 서로 다른 두 점에서 만나므로 이차방정식

$x^2-2(k+1)x+k^2-7=0$의 판별식을 D라 할 때

$$\frac{D}{4}=(k+1)^2-(k^2-7)>0$$

$2k+8>0 \qquad \therefore k>-4$

따라서 정수 k의 최솟값은 -3이다.

답 -3

유형3

이차함수 $y=x^2-4x+k$의 그래프와 직선 $y=x+3$이 서로 다른 두 점에서 만나므로 이차방정식 $x^2-4x+k=x+3$, 즉 $x^2-5x+k-3=0$의 판별식을 D라 하면

$D=(-5)^2-4(k-3)>0$

$-4k+37>0 \qquad \therefore k<\dfrac{37}{4}$

따라서 자연수 k는 $1,\ 2,\ 3,\ \cdots,\ 9$의 9개이다.

답 ④

3-1

이차함수 $y=x^2-x+k$의 그래프와 직선 $y=2x+5$가 서로 다른 두 점에서 만나므로 이차방정식 $x^2-x+k=2x+5$, 즉 $x^2-3x+k-5=0$의 판별식을 D라 하면

$D=(-3)^2-4(k-5)>0$

$-4k+29>0 \qquad \therefore k<\dfrac{29}{4}$

따라서 자연수 k는 $1,\ 2,\ 3,\ \cdots,\ 7$의 7개이다.

답 7

3-2

이차함수 $y=-x^2+3x-k$의 그래프와 직선 $y=4x-3$이 만나지 않으므로 이차방정식 $-x^2+3x-k=4x-3$, 즉 $x^2+x+k-3=0$의 판별식을 D라 하면

$D=1^2-4(k-3)<0$

$-4k+13<0 \qquad \therefore k>\dfrac{13}{4}$

따라서 자연수 k의 최솟값은 4이다.

답 4

유형4

직선 $y=ax+b$의 기울기가 1이므로 $a=1$

이차함수 $y=x^2-5x+2$의 그래프와 직선 $y=x+b$가 접하므로 이차방정식 $x^2-5x+2=x+b$, 즉 $x^2-6x+2-b=0$의 판별식을 D라 하면

$$\frac{D}{4}=(-3)^2-(2-b)=0 \qquad \therefore b=-7$$

$\therefore b-a=-8$

답 ③

4-1

직선 $y=ax+b$의 기울기가 -2이므로 $a=-2$

이차함수 $y=-x^2+2x+4$의 그래프와 직선 $y=-2x+b$가 접하므로 이차방정식 $-x^2+2x+4=-2x+b$, 즉 $x^2-4x+b-4=0$의 판별식을 D라 하면

$$\frac{D}{4}=(-2)^2-(b-4)=0 \qquad \therefore b=8$$

$\therefore ab=-16$

답 -16

4-2

직선 $y=3x+5$를 x축의 방향으로 k만큼 평행이동한 직선의 방정식은 $y=3(x-k)+5=3x-3k+5$

이 직선이 이차함수 $y=x^2-x+12$의 그래프와 접하므로 이차방정식 $x^2-x+12=3x-3k+5$, 즉 $x^2-4x+3k+7=0$의 판별식을 D라 하면

$$\frac{D}{4}=(-2)^2-(3k+7)=0$$

$-3k-3=0 \qquad \therefore k=-1$

답 ②

유형5

$y=x^2-4x+6$
  $=(x-2)^2+2$

이므로 $x=2$에서 최솟값 2를 갖는다.

따라서 $a=2,\ b=2$이므로 $a+b=4$

답 ④

5-1

$y=x^2-6x+12$
  $=(x-3)^2+3$

이므로 $x=3$에서 최솟값 3을 갖는다.

따라서 $a=3,\ b=3$이므로 $ab=9$

답 9

5-2

이차함수 $y=x^2+ax+b$가 $x=3$에서 최솟값 4를 가지므로
$y=x^2+ax+b$
$\quad =(x-3)^2+4$
$\quad =x^2-6x+13$
따라서 $a=-6$, $b=13$이므로 $a+b=7$ 답 7

유형 6

$y=3x^2-6x+7$
$\quad =3(x-1)^2+4$
이므로 $-1\le x\le 2$에서 $y=3x^2-6x+7$의 그래프는 오른쪽 그림과 같다.
따라서 $x=1$에서 최솟값 $m=4$를 갖고,
$x=-1$에서 최댓값 $M=16$을 가지므로
$M+m=20$ 답 ⑤

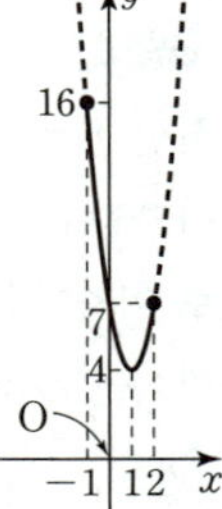

6-1

$y=3x^2+12x+16$
$\quad =3(x+2)^2+4$
이므로 $-3\le x\le 1$에서 $y=3x^2+12x+16$의 그래프는 오른쪽 그림과 같다.
따라서 $x=-2$에서 최솟값 $m=4$를 갖고,
$x=1$에서 최댓값 $M=31$을 가지므로
$M-m=27$ 답 ④

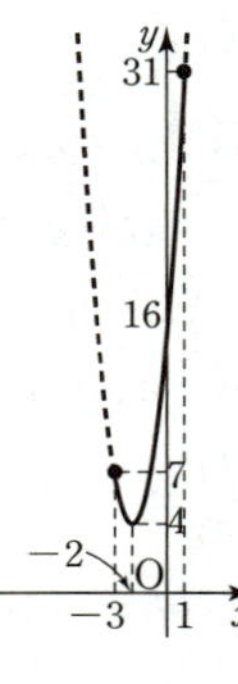

6-2

$y=x^2-4x+k$
$\quad =(x-2)^2-4+k$
이므로 $0\le x\le 3$에서 $y=x^2-4x+k$의 그래프는 오른쪽 그림과 같다.
이때 $x=2$에서 최솟값 $-4+k$를 가지므로
$-4+k=5$ $\therefore k=9$
따라서 $x=0$에서 최댓값 9를 갖는다.

   답 9

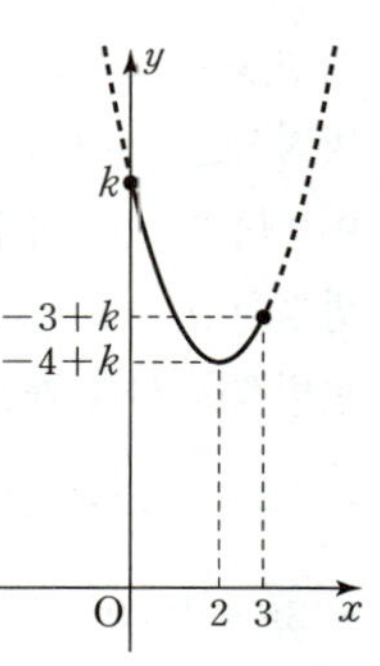

교과서 문제 정복하기

▶ 본문 42~43쪽

01 ①	02 -6	03 $y=-\dfrac{1}{2}x^2+2$	04 6
05 ②	06 3	07 12	08 ④	09 6
10 $y=(2-2\sqrt{2})x+18$	11 9	12 ①	13 ②
14 12	15 ③		

01

이차함수 $y=x^2+ax+b$의 그래프와 x축의 교점의 x좌표가 -2, 4이므로 -2, 4는 이차방정식 $x^2+ax+b=0$의 두 근이다.
따라서 근과 계수의 관계에 의하여
$-2+4=-a$, $-2\cdot 4=b$
$\therefore a=-2$, $b=-8$
$\therefore a+b=-10$ 답 ①

다른 풀이

이차항의 계수가 1이고 이차함수의 그래프와 x축의 교점의 좌표가 $(-2, 0)$, $(4, 0)$이므로
$y=(x+2)(x-4)=x^2-2x-8$
따라서 $a=-2$, $b=-8$이므로 $a+b=-10$

02

이차항의 계수가 a이고 이차함수의 그래프와 x축의 교점의 좌표가 $(-3, 0)$, $(2, 0)$이므로
$y=a(x+3)(x-2)=ax^2+ax-6a$
즉, $b=a$, $c=-6a$
이때 그래프의 y절편이 -6이므로 $-6a=-6$
$\therefore a=1$, $b=1$, $c=-6$
$\therefore abc=-6$ 답 -6

03

주어진 그림을 좌표평면에 나타내면 오른쪽 그림과 같다. 즉, 포물선과 x축의 교점의 좌표가 $(-2, 0)$, $(2, 0)$이므로
$y=a(x+2)(x-2)$
$\quad =ax^2-4a\ (a<0)$
로 놓을 수 있다.
이때 그래프의 y절편이 2이므로
$-4a=2$ $\therefore a=-\dfrac{1}{2}$
따라서 구하는 이차함수의 식은
$y=-\dfrac{1}{2}x^2+2$ 답 $y=-\dfrac{1}{2}x^2+2$

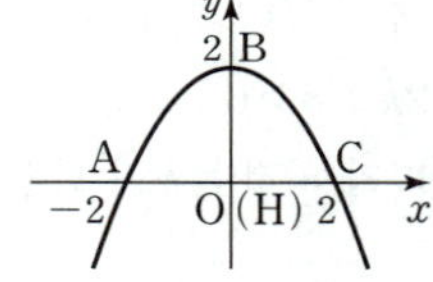

04

이차함수 $y=x^2-(k-1)x+k+2$의 그래프가 x축에 접하므로 이차방정식 $x^2-(k-1)x+k+2=0$의 판별식을 D라 하면
$D=(k-1)^2-4(k+2)=0$
$k^2-6k-7=0$, $(k+1)(k-7)=0$
$\therefore k=-1$ 또는 $k=7$
따라서 모든 실수 k의 값의 합은 $-1+7=6$이다.   답 6

05

이차함수 $y=-x^2+2kx-k^2+3k+9$의 그래프가 x축과 서로
다른 두 점에서 만나므로 이차방정식
$-x^2+2kx-k^2+3k+9=0$의 판별식을 D라 하면
$$\frac{D}{4}=k^2+(-k^2+3k+9)>0$$
$$3k+9>0$$
$$\therefore k>-3 \qquad\qquad \text{답 ②}$$

06

이차함수 $y=x^2-3x+k$의 그래프와 직선 $y=-2x+3$이 서
로 다른 두 점에서 만나므로 이차방정식
$x^2-3x+k=-2x+3$, 즉
$x^2-x+k-3=0$의 판별식을 D라 하면
$$D=(-1)^2-4(k-3)>0$$
$$-4k+13>0 \qquad \therefore k<\frac{13}{4}$$
따라서 자연수 k는 1, 2, 3의 3개이다. $\qquad$ 답 3

07

이차함수 $y=x^2-x+k$의 그래프와 직선 $y=3x+8$이 접하므
로 이차방정식 $x^2-x+k=3x+8$, 즉 $x^2-4x+k-8=0$의
판별식을 D라 하면
$$\frac{D}{4}=(-2)^2-(k-8)=0$$
$$-k+12=0$$
$$\therefore k=12 \qquad\qquad \text{답 } 12$$

08

직선 $y=ax+b$의 기울기가 -1이므로 $a=-1$
이차함수 $y=x^2-2x+7$의 그래프와 직선 $y=-x+b$가 접하
므로 이차방정식 $x^2-2x+7=-x+b$, 즉 $x^2-x+7-b=0$
의 판별식을 D라 하면
$$D=(-1)^2-4(7-b)=0$$
$$4b-27=0 \qquad \therefore b=\frac{27}{4}$$
$$\therefore ab=-\frac{27}{4} \qquad\qquad \text{답 ④}$$

09

이차함수 $y=x^2+3x+6$의 그래프와 직선 $y=mx+2$가 한 점
에서 만나므로 이차방정식 $x^2+3x+6=mx+2$,
즉 $x^2+(3-m)x+4=0$의 판별식을 D라 하면
$$D=(3-m)^2-4\cdot4=0$$
$$m^2-6m-7=0,\ (m+1)(m-7)=0$$
$$\therefore m=-1 \ \text{또는} \ m=7$$
따라서 모든 실수 m의 값의 합은
$$-1+7=6 \qquad\qquad \text{답 } 6$$

10

점 $(0,\ 18)$을 지나는 직선의 방정식을 $y=ax+18\ (a<0)$이
라 하면 이 직선이 이차함수 $y=-\frac{1}{9}x^2+2x$의 그래프와 접하
므로 이차방정식 $-\frac{1}{9}x^2+2x=ax+18$, 즉
$x^2+9(a-2)x+162=0$의 판별식을 D라 하면
$$D=\{9(a-2)\}^2-4\cdot162=0$$
$$a^2-4a-4=0$$
$$\therefore a=2\pm2\sqrt{2}$$
그런데 $a<0$이므로 $a=2-2\sqrt{2}$
따라서 구하는 직선의 방정식은
$$y=(2-2\sqrt{2})x+18 \qquad \text{답 } y=(2-2\sqrt{2})x+18$$

11

$$y=-2x^2+4x+6$$
$$=-2(x^2-2x)+6$$
$$=-2(x-1)^2+8$$
이므로 $x=1$에서 최댓값 8을 갖는다.
따라서 $a=1$, $b=8$이므로
$$a+b=9 \qquad\qquad \text{답 } 9$$

12

이차함수 $y=x^2+ax+3$이 $x=2$에서 최솟값 b를 가지므로
$$y=x^2+ax+3$$
$$=(x-2)^2+b$$
즉, $x^2+ax+3=x^2-4x+4+b$이므로
$$a=-4,\ 3=4+b$$
따라서 $a=-4$, $b=-1$이므로
$$a+b=-5 \qquad\qquad \text{답 ①}$$

13

$$y=-2x^2-4x+5$$
$$=-2(x+1)^2+7$$
이므로 $-2\le x\le2$에서
$y=-2x^2-4x+5$의 그래프는 오른
쪽 그림과 같다.
따라서 $x=-1$에서 최댓값 $M=7$을
갖고, $x=2$에서 최솟값 $m=-11$을
가지므로
$$M+m=-4 \qquad\qquad \text{답 ②}$$

14

$y=x^2-6x+k$
$\quad=(x-3)^2-9+k$

이므로 $1\le x\le 4$에서
$y=x^2-6x+k$의 그래프는 오른쪽
그림과 같다.
따라서 $x=1$에서
최댓값 $M=-5+k$를 갖고,
$x=3$에서 최솟값 $m=-9+k$를 가
지므로

$$M+m=(-5+k)+(-9+k)$$
$$\qquad=-14+2k=10$$
$$\therefore k=12$$

답 12

15

$f(x)=x^2+ax+b$
$\quad=\left(x+\dfrac{a}{2}\right)^2-\dfrac{a^2}{4}+b$

이차함수 $y=f(x)$의 그래프는 직선
$x=2$에 대하여 대칭이므로 $-\dfrac{a}{2}=2$
에서
$a=-4$
즉, $f(x)=(x-2)^2-4+b$
이때 $-1\le x\le 3$에서 함수 $f(x)$의 그
래프는 오른쪽 그림과 같다.
따라서 $f(x)$는 $x=-1$에서 최댓값 $5+b$를 가지므로
$5+b=9$
$\therefore b=4$
$\therefore a+b=0$

답 ③

[07 여러 가지 방정식]

유형 1 ①	1-1 -2	1-2 ②
유형 2 ④	2-1 2, 3	2-2 2
유형 3 ②	3-1 $-\dfrac{17}{4}$	3-2 -2
유형 4 ⑤	4-1 -1	4-2 $-1-2i$
유형 5 ⑤	5-1 2	5-2 ①
유형 6 ②	6-1 3	6-2 9

유형 1

$P(x)=x^3-2x^2-5x+6$으로 놓으면
$P(1)=1-2-5+6=0$
이므로 조립제법을 이용하여
$P(x)$를 인수분해하면

$$\begin{array}{r|rrrr} 1 & 1 & -2 & -5 & 6 \\ & & 1 & -1 & -6 \\ \hline & 1 & -1 & -6 & 0 \end{array}$$

$P(x)=(x-1)(x^2-x-6)$
$\qquad=(x-1)(x+2)(x-3)$
즉, 주어진 방정식은
$(x-1)(x+2)(x-3)=0$
$\therefore x=-2$ 또는 $x=1$ 또는 $x=3$
따라서 세 근 중 가장 큰 근은 3, 가장 작은 근은 -2이므로 구하는 합은
$3+(-2)=1$

답 ①

1-1

$P(x)=x^3+4x^2+x-6$으로 놓으면
$P(1)=1+4+1-6=0$
이므로 조립제법을 이용하여 $P(x)$
를 인수분해하면

$$\begin{array}{r|rrrr} 1 & 1 & 4 & 1 & -6 \\ & & 1 & 5 & 6 \\ \hline & 1 & 5 & 6 & 0 \end{array}$$

$P(x)=(x-1)(x^2+5x+6)$
$\qquad=(x-1)(x+2)(x+3)$
즉, 주어진 방정식은
$(x-1)(x+2)(x+3)=0$
$\therefore x=-3$ 또는 $x=-2$ 또는 $x=1$
따라서 세 근 중 가장 큰 근은 1, 가장 작은 근은 -3이므로 구하는 합은
$1+(-3)=-2$

답 -2

1-2

$x^2-x=X$로 치환하면 주어진 방정식은
$X^2-8X+12=0$, $(X-2)(X-6)=0$
$\therefore X=2$ 또는 $X=6$
(ⅰ) $X=2$일 때, $x^2-x-2=0$에서
$\quad(x+1)(x-2)=0$
$\quad\therefore x=-1$ 또는 $x=2$

(ii) $X=6$일 때, $x^2-x-6=0$에서

$\quad (x+2)(x-3)=0$

$\quad \therefore x=-2$ 또는 $x=3$

(i), (ii)에서 모든 실근의 합은

$-1+2+(-2)+3=2$ $\qquad$ 답 ②

$x^3-4x^2+kx-\dfrac{3}{2}k=0$의 한 근이 3이므로

$27-36+3k-\dfrac{3}{2}k=0,\ \dfrac{3}{2}k-9=0 \quad \therefore k=6$

$P(x)=x^3-4x^2+6x-9$로 놓으면

$P(3)=0$이므로 조립제법을 이용하여 $P(x)$를 인수분해하면

$$\begin{array}{r|rrrr} 3 & 1 & -4 & 6 & -9 \\ & & 3 & -3 & 9 \\ \hline & 1 & -1 & 3 & 0 \end{array}$$

$P(x)=(x-3)(x^2-x+3)$

따라서 주어진 방정식은

$(x-3)(x^2-x+3)=0$

이때 나머지 두 근은 이차방정식 $x^2-x+3=0$의 두 근이므로

이차방정식의 근과 계수의 관계에 의하여 두 근의 곱은 3이다.

$\qquad$ 답 ④

2-1

$x^3-x^2+kx+24=0$의 한 근이 -4이므로

$-64-16-4k+24=0,\ -4k-56=0 \quad \therefore k=-14$

$P(x)=x^3-x^2-14x+24$로 놓으면

$P(-4)=0$이므로 조립제법을 이용하여 $P(x)$를 인수분해하면

$$\begin{array}{r|rrrr} -4 & 1 & -1 & -14 & 24 \\ & & -4 & 20 & -24 \\ \hline & 1 & -5 & 6 & 0 \end{array}$$

$P(x)=(x+4)(x^2-5x+6)$

$\qquad\ =(x+4)(x-2)(x-3)$

즉, 주어진 방정식은 $(x+4)(x-2)(x-3)=0$

$\therefore x=-4$ 또는 $x=2$ 또는 $x=3$

따라서 나머지 두 근은 $x=2$ 또는 $x=3$이다. $\qquad$ 답 2, 3

2-2

$x^4+ax^3+bx^2+2x-2=0$의 두 근이 -1, 1이므로

$1-a+b-2-2=0$에서 $-a+b=3$ $\qquad \cdots\cdots \bigcirc$

$1+a+b+2-2=0$에서 $a+b=-1$ $\qquad \cdots\cdots \bigcirc\!\!\bigcirc$

$\bigcirc$, $\bigcirc\!\!\bigcirc$을 연립하여 풀면 $a=-2$, $b=1$

$P(x)=x^4-2x^3+x^2+2x-2$로 놓으면 $P(-1)=0$,

$P(1)=0$이므로 조립제법을 이용하여 $P(x)$를 인수분해하면

$$\begin{array}{r|rrrrr} -1 & 1 & -2 & 1 & 2 & -2 \\ & & -1 & 3 & -4 & 2 \\ \hline 1 & 1 & -3 & 4 & -2 & 0 \\ & & 1 & -2 & 2 & \\ \hline & 1 & -2 & 2 & 0 & \end{array}$$

$\therefore P(x)=(x+1)(x-1)(x^2-2x+2)$

즉, 주어진 방정식은 $(x+1)(x-1)(x^2-2x+2)=0$

이때 나머지 두 근은 이차방정식 $x^2-2x+2=0$의 두 근이므로

이차방정식의 근과 계수의 관계에 의하여 두 근의 곱은 2이다.

$\qquad$ 답 2

방정식 $2x^3-3x^2-3x+2=0$의 세 근이 α, β, γ이므로 삼차방정식의 근과 계수의 관계에 의하여

$\alpha+\beta+\gamma=\dfrac{3}{2},\ \alpha\beta+\beta\gamma+\gamma\alpha=-\dfrac{3}{2},\ \alpha\beta\gamma=-1$

$\therefore (\alpha+\beta)(\beta+\gamma)(\gamma+\alpha)$

$=\left(\dfrac{3}{2}-\gamma\right)\left(\dfrac{3}{2}-\alpha\right)\left(\dfrac{3}{2}-\beta\right)$

$=\dfrac{27}{8}-\dfrac{9}{4}(\alpha+\beta+\gamma)+\dfrac{3}{2}(\alpha\beta+\beta\gamma+\gamma\alpha)-\alpha\beta\gamma$

$=\dfrac{27}{8}-\dfrac{9}{4}\cdot\dfrac{3}{2}+\dfrac{3}{2}\cdot\left(-\dfrac{3}{2}\right)-(-1)=-\dfrac{5}{4}$ $\quad$ 답 ②

3-1

방정식 $x^3-5x^2+2x+8=0$의 세 근이 α, β, γ이므로 삼차방정식의 근과 계수의 관계에 의하여

$\alpha+\beta+\gamma=5,\ \alpha\beta+\beta\gamma+\gamma\alpha=2,\ \alpha\beta\gamma=-8$

$\therefore \dfrac{\beta+\gamma}{\alpha}+\dfrac{\gamma+\alpha}{\beta}+\dfrac{\alpha+\beta}{\gamma}=\dfrac{5-\alpha}{\alpha}+\dfrac{5-\beta}{\beta}+\dfrac{5-\gamma}{\gamma}$

$=\dfrac{5}{\alpha}+\dfrac{5}{\beta}+\dfrac{5}{\gamma}-3$

$=5\left(\dfrac{1}{\alpha}+\dfrac{1}{\beta}+\dfrac{1}{\gamma}\right)-3$

$=5\cdot\dfrac{\alpha\beta+\beta\gamma+\gamma\alpha}{\alpha\beta\gamma}-3$

$=5\cdot\dfrac{2}{-8}-3$

$=-\dfrac{17}{4}$ $\qquad$ 답 $-\dfrac{17}{4}$

3-2

방정식 $x^3+ax^2-9x+18=0$의 세 근이 α, β, γ이므로 삼차방정식의 근과 계수의 관계에 의하여

$\alpha+\beta+\gamma=-a,\ \alpha\beta+\beta\gamma+\gamma\alpha=-9,\ \alpha\beta\gamma=-18$

$\dfrac{1}{\alpha\beta}+\dfrac{1}{\beta\gamma}+\dfrac{1}{\gamma\alpha}=-\dfrac{1}{9}$에서 $\dfrac{\alpha+\beta+\gamma}{\alpha\beta\gamma}=-\dfrac{1}{9}$

$\dfrac{-a}{-18}=-\dfrac{1}{9} \quad \therefore a=-2$ $\qquad$ 답 -2

주어진 방정식의 계수가 유리수이므로 $1+\sqrt{2}$가 근이면 $1-\sqrt{2}$도 근이다.

나머지 한 근을 α라 하면 삼차방정식의 근과 계수의 관계에 의하여

$$\alpha+(1+\sqrt{2})+(1-\sqrt{2})=-a$$
$$\alpha(1+\sqrt{2})+(1+\sqrt{2})(1-\sqrt{2})+(1-\sqrt{2})\alpha=b$$
$$\alpha(1+\sqrt{2})(1-\sqrt{2})=-2$$

위의 세 식을 연립하여 풀면 $\alpha=2$, $a=-4$, $b=3$

$\therefore ab=-12$ 답 ⑤

4-1

주어진 방정식의 계수가 유리수이므로 $2-\sqrt{3}$이 근이면 $2+\sqrt{3}$도 근이다.

나머지 한 근을 α라 하면 삼차방정식의 근과 계수의 관계에 의하여

$$\alpha+(2-\sqrt{3})+(2+\sqrt{3})=-a$$
$$\alpha(2-\sqrt{3})+(2-\sqrt{3})(2+\sqrt{3})+(2+\sqrt{3})\alpha=b$$
$$\alpha(2-\sqrt{3})(2+\sqrt{3})=1$$

위의 세 식을 연립하여 풀면 $\alpha=1$, $a=-5$, $b=5$

$\therefore \dfrac{b}{a}=-1$ 답 -1

4-2

주어진 방정식의 계수가 실수이므로 $1+2i$가 근이면 $1-2i$도 근이다.

나머지 한 근을 α라 하면 삼차방정식의 근과 계수의 관계에 의하여

$$(1+2i)(1-2i)\alpha=-10 \qquad \therefore \alpha=-2$$

따라서 나머지 두 근은 $1-2i$, -2이므로 구하는 합은

$$(1-2i)+(-2)=-1-2i$$ 답 $-1-2i$

유형 5

$x^3=1$에서 $x^3-1=0$, 즉 $(x-1)(x^2+x+1)=0$이므로 ω는 $x^2+x+1=0$의 한 허근이다.

따라서 $\omega^2+\omega+1=0$이므로 $\omega+1=-\omega^2$

$\therefore \dfrac{\omega+1}{\omega^2}+\dfrac{\omega^2}{\omega+1}=\dfrac{-\omega^2}{\omega^2}+\dfrac{\omega^2}{-\omega^2}=-2$ 답 ⑤

5-1

$x^3=-1$에서 $x^3+1=0$, 즉 $(x+1)(x^2-x+1)=0$이므로 ω는 $x^2-x+1=0$의 한 허근이다.

따라서 $\omega^2-\omega+1=0$이므로 $\omega^2=\omega-1$

$\therefore \dfrac{\omega-1}{\omega^2}+\dfrac{\omega^2}{\omega-1}=\dfrac{\omega-1}{\omega-1}+\dfrac{\omega-1}{\omega-1}=2$ 답 2

5-2

$\omega=\dfrac{1+\sqrt{3}i}{2}$에서 $2\omega-1=\sqrt{3}i$

양변을 제곱하면 $4\omega^2-4\omega+1=-3$

$$4\omega^2-4\omega+4=0$$
$$\therefore \omega^2-\omega+1=0$$

양변에 $\omega+1$을 곱하면

$$(\omega+1)(\omega^2-\omega+1)=0$$
$$\omega^3+1=0$$
$$\therefore \omega^3=-1$$

$\therefore \omega^{2019}+\dfrac{1}{\omega^{2019}}=(\omega^3)^{673}+\dfrac{1}{(\omega^3)^{673}}$

$$=-1-1=-2$$ 답 ①

유형 6

$2x-y=3$에서 $y=2x-3$ …… ㉠

㉠을 $3x^2+y^2=4$에 대입하면

$$3x^2+(2x-3)^2=4$$
$$7x^2-12x+5=0, \ (7x-5)(x-1)=0$$

$\therefore x=\dfrac{5}{7}$ 또는 $x=1$ …… ㉡

㉡을 ㉠에 대입하면

$x=\dfrac{5}{7}$일 때, $y=-\dfrac{11}{7}$

$x=1$일 때, $y=-1$

따라서 $a=1$, $b=-1$이므로

$a^2+b^2=2$ 답 ②

6-1

$x-2y=1$에서 $x=2y+1$ …… ㉠

㉠을 $x^2+y^2=10$에 대입하면

$$(2y+1)^2+y^2=10$$
$$5y^2+4y-9=0, \ (5y+9)(y-1)=0$$

$\therefore y=-\dfrac{9}{5}$ 또는 $y=1$ …… ㉡

㉡을 ㉠에 대입하면

$y=-\dfrac{9}{5}$일 때, $x=-\dfrac{13}{5}$

$y=1$일 때, $x=3$

따라서 $a=3$, $b=1$이므로

$ab=3$ 답 3

6-2

$x^2-4y^2=0$에서 $(x+2y)(x-2y)=0$

$\therefore x=-2y$ 또는 $x=2y$

(i) $x=-2y$를 $x^2+xy+y^2=63$에 대입하면

$\quad (-2y)^2+(-2y)\cdot y+y^2=63, \ y^2=21$

$\quad \therefore y=\pm\sqrt{21}, \ x=\mp2\sqrt{21}$ (복부호동순)

(ii) $x=2y$를 $x^2+xy+y^2=63$에 대입하면

$\quad (2y)^2+2y\cdot y+y^2=63, \ y^2=9$

$\quad \therefore y=\pm3, \ x=\pm6$ (복부호동순)

(i), (ii)에서 $a+b$는 $a=6$, $b=3$일 때 최대이므로 구하는 최댓값은

$6+3=9$ 답 9

> **01** $x=-3$ 또는 $x=-2$ 또는 $x=3$
> **02** $x=-\dfrac{1}{2}$ 또는 $x=\dfrac{1}{2}$ 또는 $x=1$ 또는 $x=2$　　**03** ④
> **04** -3　　**05** ②　　**06** 23　　**07** -24　　**08** $1+i$
> **09** ②　　**10** ③　　**11** 0　　**12** 5　　**13** 5
> **14** 8　　**15** 20

01

$P(x)=x^3+2x^2-9x-18$로 놓으면
$P(-2)=-8+8+18-18=0$
이므로 조립제법을 이용하
여 $P(x)$를 인수분해하면

$$
\begin{array}{r|rrrr}
-2 & 1 & 2 & -9 & -18 \\
   &   & -2 & 0 & 18 \\
\hline
   & 1 & 0 & -9 & 0
\end{array}
$$

$P(x)=(x+2)(x^2-9)$
　　　　$=(x+2)(x+3)(x-3)$
즉, 주어진 방정식은
$(x+2)(x+3)(x-3)=0$
$\therefore x=-3$ 또는 $x=-2$ 또는 $x=3$
　　　　답 $x=-3$ 또는 $x=-2$ 또는 $x=3$

02

$2x^2-3x=X$로 치환하면 주어진 방정식은
$(X+2)(X-3)+4=0,\ X^2-X-2=0$
$(X+1)(X-2)=0$　　$\therefore X=-1$ 또는 $X=2$
(i) $X=-1$일 때, $2x^2-3x+1=0$에서
　　$(2x-1)(x-1)=0$
　　$\therefore x=\dfrac{1}{2}$ 또는 $x=1$
(ii) $X=2$일 때, $2x^2-3x-2=0$에서
　　$(2x+1)(x-2)=0$
　　$\therefore x=-\dfrac{1}{2}$ 또는 $x=2$
(i), (ii)에서 $x=-\dfrac{1}{2}$ 또는 $x=\dfrac{1}{2}$ 또는 $x=1$ 또는 $x=2$

　　　답 $x=-\dfrac{1}{2}$ 또는 $x=\dfrac{1}{2}$ 또는 $x=1$ 또는 $x=2$

03

$x^3+ax^2+bx-6=0$의 두 근이 1, 2이므로
$1+a+b-6=0$에서 $a+b=5$　　　　…… ㉠
$8+4a+2b-6=0$에서 $2a+b=-1$　　…… ㉡
㉠, ㉡을 연립하여 풀면 $a=-6$, $b=11$
$P(x)=x^3-6x^2+11x-6$으로 놓으면
$P(1)=0$이므로 조립제법을 이
용하여 $P(x)$를 인수분해하면

$$
\begin{array}{r|rrrr}
1 & 1 & -6 & 11 & -6 \\
  &   & 1 & -5 & 6 \\
\hline
  & 1 & -5 & 6 & 0
\end{array}
$$

$P(x)=(x-1)(x^2-5x+6)$
　　　　$=(x-1)(x-2)(x-3)$

즉, 주어진 방정식은 $(x-1)(x-2)(x-3)=0$
$\therefore x=1$ 또는 $x=2$ 또는 $x=3$
따라서 나머지 한 근 a는 3이므로
$a+a+b=8$　　　　　　　　　　　　　**답** ④

04

$x^4-3x^3-x^2+ax+b=0$의 두 근이 1, 2이므로
$1-3-1+a+b=0$에서 $a+b=3$　　　　…… ㉠
$16-24-4+2a+b=0$에서 $2a+b=12$　　…… ㉡
㉠, ㉡을 연립하여 풀면 $a=9$, $b=-6$
$P(x)=x^4-3x^3-x^2+9x-6$으로 놓으면
$P(1)=0$, $P(2)=0$이므로 조립제법을 이용하여 $P(x)$를 인
수분해하면

$$
\begin{array}{r|rrrrr}
1 & 1 & -3 & -1 & 9 & -6 \\
  &   & 1 & -2 & -3 & 6 \\
\hline
2 & 1 & -2 & -3 & 6 & 0 \\
  &   & 2 & 0 & -6 & \\
\hline
  & 1 & 0 & -3 & 0 &
\end{array}
$$

$\therefore P(x)=(x-1)(x-2)(x^2-3)$
즉, 주어진 방정식은 $(x-1)(x-2)(x^2-3)=0$
이때 나머지 두 근은 이차방정식 $x^2-3=0$의 두 근이므로 이차
방정식의 근과 계수의 관계에 의하여 구하는 나머지 두 근의 곱
은 -3이다.　　　　　　　　　　　　**답** -3

05

방정식 $x^3-10x^2-5x+6=0$의 세 근이 α, β, γ이므로
삼차방정식의 근과 계수의 관계에 의하여
$\alpha+\beta+\gamma=10$, $\alpha\beta+\beta\gamma+\gamma\alpha=-5$, $\alpha\beta\gamma=-6$
$\therefore (\alpha-1)(\beta-1)(\gamma-1)$
　　$=\alpha\beta\gamma-(\alpha\beta+\beta\gamma+\gamma\alpha)+(\alpha+\beta+\gamma)-1$
　　$=-6-(-5)+10-1=8$　　　　　　**답** ②

06

주어진 방정식의 세 근을 α, 2α, $3\alpha\ (\alpha\neq0)$라 하면 삼차방정
식의 근과 계수의 관계에 의하여
$\alpha+2\alpha+3\alpha=6$, $6\alpha=6$　　$\therefore \alpha=1$
따라서 세 근이 1, 2, 3이므로
$1\cdot2+2\cdot3+3\cdot1=a$　　$\therefore a=11$
$1\cdot2\cdot3=-b$　　$\therefore b=-6$
$\therefore a-2b=23$　　　　　　　　　　**답** 23

07

주어진 방정식의 계수가 유리수이므로 $1-\sqrt{3}$이 근이면 $1+\sqrt{3}$
도 근이다.
나머지 한 근을 a라 하면 삼차방정식의 근과 계수의 관계에 의
하여

$a+(1-\sqrt{3})+(1+\sqrt{3})=0$

$a(1-\sqrt{3})+(1-\sqrt{3})(1+\sqrt{3})+(1+\sqrt{3})a=a$

$a(1-\sqrt{3})(1+\sqrt{3})=b$

위 세 식을 연립하여 풀면 $a=-2$, $a=-6$, $b=4$

$\therefore ab=-24$

답 -24

08

주어진 방정식의 계수가 실수이므로 $1-i$가 근이면 $1+i$도 근이다.

나머지 한 근을 a라 하면 삼차방정식의 근과 계수의 관계에 의하여

$a(1-i)+(1-i)(1+i)+(1+i)a=4$

$2+2a=4$ $\therefore a=1$

따라서 나머지 두 근은 $1+i$, 1이므로 구하는 곱은

$(1+i)\cdot 1=1+i$

답 $1+i$

09

$P(x)=2x^3+x^2+2x+3$으로 놓으면

$P(-1)=-2+1-2+3=0$

이므로 조립제법을 이용하여

$P(x)$를 인수분해하면

$P(x)=(x+1)(2x^2-x+3)$

$$
\begin{array}{r|rrrr}
-1 & 2 & 1 & 2 & 3 \\
   &   & -2 & 1 & -3 \\
\hline
   & 2 & -1 & 3 & \,0 \\
\end{array}
$$

따라서 주어진 방정식은

$(x+1)(2x^2-x+3)=0$

이때 z_1, z_2는 이차방정식 $2x^2-x+3=0$의 두 근이므로 이차방정식의 근과 계수의 관계에 의하여

$z_1 z_2=\dfrac{3}{2}$

또, 주어진 방정식의 계수가 모두 실수이므로

$\overline{z_1}=z_2$, $\overline{z_2}=z_1$

$\therefore z_1\overline{z_1}+z_2\overline{z_2}=z_1 z_2+z_2 z_1$

$\qquad\qquad =2z_1 z_2=2\cdot\dfrac{3}{2}=3$

답   ②

10

$x^3=1$에서 $x^3-1=(x-1)(x^2+x+1)=0$

이므로 ω는 $x^2+x+1=0$의 한 허근이다.

따라서 $\omega^3=1$, $\omega^2+\omega+1=0$이므로

$\omega^6+\omega^5+\omega^4+\omega^3+\omega^2+\omega+1$

$=(\omega^3)^2+\omega^3(\omega^2+\omega+1)+(\omega^2+\omega+1)$

$=1$

답   ③

11

$x^2+x+1=0$의 양변에 $x-1$을 곱하면

$(x-1)(x^2+x+1)=0$, $x^3-1=0$ $\therefore x^3=1$

$\therefore x^{2022}+x^{2021}+x^{2020}=(x^3)^{674}+(x^3)^{673}\cdot x^2+(x^3)^{573}\cdot x$

$\qquad\qquad\qquad\qquad\quad =x^2+x+1=0$

답   0

12

과자 상자의 모든 모서리의 길이를 각각 $x\,\mathrm{cm}$씩 늘이면 부피가 3배가 되므로

$(15+x)(10+x)(10+x)=3\cdot 15\cdot 10\cdot 10$

$x^3+35x^2+400x+1500=4500$

$x^3+35x^2+400x-3000=0$

$(x-5)(x^2+40x+600)=0$

$\therefore x=5$ 또는 $x=-20\pm 10\sqrt{2}i$

그런데 x는 실수이므로 $x=5$

답   5

13

$x-y=1$에서 $x=y+1$ …… ㉠

㉠을 $x^2-2xy+3y^2=3$에 대입하면

$(y+1)^2-2(y+1)y+3y^2=3$

$y^2-1=0$

$\therefore y=1\ (\because y>0)$ …… ㉡

㉡을 ㉠에 대입하면 $x=2$

따라서 $a=2$, $b=1$이므로

$a^2+b^2=5$

답   5

14

$x^2+3xy-4y^2=0$에서 $(x+4y)(x-y)=0$

$\therefore x=-4y$ 또는 $x=y$

(i) $x=-4y$를 $x^2+2xy=48$에 대입하면

   $(-4y)^2+2\cdot(-4y)\cdot y=48$, $y^2=6$

   $\therefore y=\pm\sqrt{6}$, $x=\mp 4\sqrt{6}$ (복부호동순)

(ii) $x=y$를 $x^2+2xy=48$에 대입하면

   $y^2+2y\cdot y=48$, $y^2=16$

   $\therefore y=\pm 4$, $x=\pm 4$ (복부호동순)

(i), (ii)에서 $a+b$는 $a=4$, $b=4$일 때 최대이므로 구하는 최댓값은

$4+4=8$

답   8

15

$\begin{cases} x+y=9 & \cdots\cdots ㉠ \\ x^2=y^2+3^2 & \cdots\cdots ㉡ \end{cases}$

㉠에서 $y=9-x$이므로 이 식을 ㉡에 대입하면

$x^2=(9-x)^2+9$, $x^2=81-18x+x^2+9$

$18x=90$ $\therefore x=5$

$x=5$를 ㉠에 대입하면 $y=4$

$\therefore xy=20$

답   20

08 여러 가지 부등식

교과서 유형 흐름잡기

유형 **1** ④　　**1**-1 27　　　　**1**-2 ②

유형 **2** ④　　**2**-1 $x<-\dfrac{3}{2}$ 또는 $x>3$

　　　　　　2-2 5

유형 **3** ④　　**3**-1 $\dfrac{7}{2}$　　　　**3**-2 1

유형 **4** ③　　**4**-1 $-4<k<4$　　**4**-2 $-4<k<2$

유형 **5** ⑤　　**5**-1 $-3<x<6$　　**5**-2 -1

유형 **6** ⑤　　**6**-1 $-5<x\leq-3$ 또는 $\dfrac{1}{2}\leq x<2$

　　　　　　6-2 $-3<x\leq1$ 또는 $3\leq x<4$

유형 1

$2x-3\geq5$에서 $2x\geq8$

$\therefore x\geq4$ ...... ㉠

$3x<x+10$에서 $2x<10$

$\therefore x<5$ ...... ㉡

㉠, ㉡의 공통부분을 구하면 $4\leq x<5$

따라서 $a=4$, $b=5$이므로

$a+b=9$ 　　답 ④

1-1

$3x-1>8$에서 $3x>9$

$\therefore x>3$ ...... ㉠

$2x<x+9$에서 $x<9$ ...... ㉡

㉠, ㉡의 공통부분을 구하면 $3<x<9$

따라서 $a=3$, $b=9$이므로

$ab=27$ 　　답 27

1-2

$3x-1\leq5x+7$에서 $-2x\leq8$

$\therefore x\geq-4$ ...... ㉠

$5x+7\leq2x+16$에서 $3x\leq9$

$\therefore x\leq3$ ...... ㉡

㉠, ㉡의 공통부분을 구하면 $-4\leq x\leq3$ 　　답 ②

유형 2

$|3x-2|\leq5$에서 $-5\leq3x-2\leq5$

$-3\leq3x\leq7$　　$\therefore -1\leq x\leq\dfrac{7}{3}$

따라서 $a=-1$, $b=\dfrac{7}{3}$이므로

$a+b=\dfrac{4}{3}$ 　　답 ④

2-1

$|4x-3|>9$에서 $4x-3<-9$ 또는 $4x-3>9$

$\therefore x<-\dfrac{3}{2}$ 또는 $x>3$ 　　답 $x<-\dfrac{3}{2}$ 또는 $x>3$

2-2

$|x|+|x-1|\leq5$에서

(ⅰ) $x<0$일 때, $-x-(x-1)\leq5$

　　$-2x\leq4$　　$\therefore x\geq-2$

　　그런데 $x<0$이므로 $-2\leq x<0$

(ⅱ) $0\leq x<1$일 때, $x-(x-1)\leq5$

　　$\therefore 0\cdot x\leq4$

　　그런데 $0\leq x<1$이므로 $0\leq x<1$

(ⅲ) $x\geq1$일 때, $x+(x-1)\leq5$

　　$2x\leq6$　　$\therefore x\leq3$

　　그런데 $x\geq1$이므로 $1\leq x\leq3$

(ⅰ), (ⅱ), (ⅲ)에서 $-2\leq x\leq3$

따라서 $a=-2$, $b=3$이므로

$b-a=3-(-2)=5$ 　　답 5

유형 3

$x^2-4x-5<0$에서 $(x+1)(x-5)<0$

$\therefore -1<x<5$

따라서 $a=-1$, $b=5$이므로

$a+b=4$ 　　답 ④

3-1

$-2x^2+5x+3\leq0$에서 $2x^2-5x-3\geq0$

$(2x+1)(x-3)\geq0$　　$\therefore x\leq-\dfrac{1}{2}$ 또는 $x\geq3$

따라서 $a=-\dfrac{1}{2}$, $b=3$이므로

$b-a=\dfrac{7}{2}$ 　　답 $\dfrac{7}{2}$

3-2

$ax^2+bx-6>0$의 해가 $x<-3$ 또는 $x>2$이므로 $a>0$

해가 $x<-3$ 또는 $x>2$이고 x^2의 계수가 1인 이차부등식은

$(x+3)(x-2)>0$　　$\therefore x^2+x-6>0$

양변에 a를 곱하면 $ax^2+ax-6a>0$

이 부등식이 $ax^2+bx-6>0$과 같으므로

$a=1$, $b=1$

$\therefore ab=1$ 　　답 1

유형 4

모든 실수 x에 대하여 부등식 $x^2-2kx+k+2>0$이 성립해야
하므로 이차방정식 $x^2-2kx+k+2=0$의 판별식을 D라 하면

$\dfrac{D}{4}=k^2-(k+2)<0$

$k^2-k-2<0,\ (k+1)(k-2)<0$

$\therefore\ -1<k<2$

따라서 $a=-1,\ b=2$이므로

$b-a=3$ 답 ③

4-1

모든 실수 x에 대하여 부등식 $x^2+kx+4>0$이 성립해야 하므로 이차방정식 $x^2+kx+4=0$의 판별식을 D라 하면

$D=k^2-16<0$

$(k+4)(k-4)<0$

$\therefore\ -4<k<4$ 답 $-4<k<4$

4-2

모든 실수 x에 대하여 부등식

$-x^2+2(k+2)x-2(k+6)<0$이 성립해야 하므로 이차방정식 $-x^2+2(k+2)x-2(k+6)=0$의 판별식을 D라 하면

$\dfrac{D}{4}=(k+2)^2-2(k+6)<0$

$k^2+2k-8<0,\ (k+4)(k-2)<0$

$\therefore\ -4<k<2$ 답 $-4<k<2$

유형 5

$y=3x^2-4x-5$의 그래프가 $y=x^2+x+7$의 그래프보다 아래쪽에 있으면

$3x^2-4x-5<x^2+x+7$

$2x^2-5x-12<0,\ (2x+3)(x-4)<0$

$\therefore\ -\dfrac{3}{2}<x<4$

따라서 $a=-\dfrac{3}{2},\ b=4$이므로

$a+b=\dfrac{5}{2}$ 답 ⑤

5-1

$y=2x^2-5x-4$의 그래프가 $y=x^2-2x+14$의 그래프보다 아래쪽에 있으면

$2x^2-5x-4<x^2-2x+14$

$x^2-3x-18<0,\ (x+3)(x-6)<0$

$\therefore\ -3<x<6$ 답 $-3<x<6$

5-2

$y=x^2-2ax+4$의 그래프가 직선 $y=-4x+a$보다 위쪽에 있으면

$x^2-2ax+4>-4x+a$

$x^2-2(a-2)x+4-a>0$ …… ㉠

해가 $x<-5$ 또는 $x>-1$이고 x^2의 계수가 1인 이차부등식은

$(x+5)(x+1)>0$ $\therefore\ x^2+6x+5>0$ …… ㉡

㉠과 ㉡이 같아야 하므로

$-2(a-2)=6,\ 4-a=5$

$\therefore\ a=-1$ 답 -1

유형 6

$x^2-2x-8\geq0$에서 $(x+2)(x-4)\geq0$

$\therefore\ x\leq-2$ 또는 $x\geq4$ …… ㉠

$2x^2-13x+6<0$에서 $(2x-1)(x-6)<0$

$\therefore\ \dfrac{1}{2}<x<6$ …… ㉡

㉠, ㉡의 공통부분을 구하면 $4\leq x<6$

따라서 $a=4,\ b=6$이므로

$a+b=10$ 답 ⑤

6-1

$x^2+3x-10<0$에서 $(x+5)(x-2)<0$

$\therefore\ -5<x<2$ …… ㉠

$2x^2+5x-3\geq0$에서 $(x+3)(2x-1)\geq0$

$\therefore\ x\leq-3$ 또는 $x\geq\dfrac{1}{2}$ …… ㉡

㉠, ㉡의 공통부분을 구하면

$-5<x\leq-3$ 또는 $\dfrac{1}{2}\leq x<2$

답 $-5<x\leq-3$ 또는 $\dfrac{1}{2}\leq x<2$

6-2

$x^2-x-12<0$에서 $(x+3)(x-4)<0$

$\therefore\ -3<x<4$ …… ㉠

$|x-2|\geq1$에서 $x-2\leq-1$ 또는 $x-2\geq1$

$\therefore\ x\leq1$ 또는 $x\geq3$ …… ㉡

㉠, ㉡의 공통부분을 구하면

$-3<x\leq1$ 또는 $3\leq x<4$

답 $-3<x\leq1$ 또는 $3\leq x<4$

교과서 문제 정복하기 ▶ 본문 54~55쪽

01 ③	02 3	03 6	04 ⑤	05 ④
06 노랑	07 5	08 ①	09 ④	10 5
11 7	12 3	13 $1<x\leq6$		
14 $-1<a\leq0$ 또는 $2\leq a<3$			15 21 m	

01

$3x-4\geq5$에서 $3x\geq9$ $\therefore\ x\geq3$ …… ㉠

$2x-3<x+2$에서 $x<5$ …… ㉡

㉠, ㉡의 공통부분을 구하면 $3\leq x<5$ 답 ③

02

$2x>x+a$에서 $x>a$

$5(x-1)<3(x+3)$에서 $5x-5<3x+9$

$2x<14$ $\quad\therefore x<7$

이때 주어진 연립부등식의 해가 $3<x<7$이므로

$a=3$ 답 3

03

$|2x-5|>7$에서 $2x-5<-7$ 또는 $2x-5>7$

$\therefore x<-1$ 또는 $x>6$

$\therefore a=6$ 답 6

04

$|x+a|\leq 9$에서 $-9\leq x+a\leq 9$

$\therefore -9-a\leq x\leq 9-a$

이때 주어진 부등식의 해가 $b\leq x\leq 2$이므로

$-9-a=b,\ 9-a=2$

$\therefore a=7,\ b=-16$

$\therefore a-b=23$ 답 ⑤

05

$2|x+1|\geq 3|x-2|+1$에서

(i) $x<-1$일 때, $-2(x+1)\geq -3(x-2)+1$

$\qquad \therefore x\geq 9$

$\qquad$ 그런데 $x<-1$이므로 해는 없다.

(ii) $-1\leq x<2$일 때, $2(x+1)\geq -3(x-2)+1$

$\qquad 5x\geq 5 \quad \therefore x\geq 1$

$\qquad$ 그런데 $-1\leq x<2$이므로 $1\leq x<2$

(iii) $x\geq 2$일 때, $2(x+1)\geq 3(x-2)+1$

$\qquad -x\geq -7 \quad \therefore x\leq 7$

$\qquad$ 그런데 $x\geq 2$이므로 $2\leq x\leq 7$

(i), (ii), (iii)에서 부등식의 해는 $1\leq x\leq 7$

따라서 주어진 부등식을 만족시키는 정수 x는 1, 2, 3, 4, 5, 6, 7의 7개이다. 답 ④

06

$|a-580|<10$에서

$-10<a-580<10$

$\therefore 570<a<590$

즉, 나트륨이 불꽃 반응에서 방출하는 빛의 파장 a nm에 대하여 $570\leq a<590$이 성립하므로 나타나는 불꽃색은 노랑이다. 답 노랑

07

$x^2-5x+6\leq 0$에서 $(x-2)(x-3)\leq 0$

$\therefore 2\leq x\leq 3$

따라서 주어진 부등식을 만족시키는 정수 x는 2, 3이므로 그 합은

$2+3=5$ 답 5

08

해가 $-4<x<6$이고 x^2의 계수가 1인 이차부등식은

$(x+4)(x-6)<0$

$\therefore x^2-2x-24<0$

따라서 $a=-2,\ b=-24$이므로

$a+b=-26$ 답 ①

09

해가 $x=2$이고 x^2의 계수가 1인 이차부등식은

$(x-2)^2\leq 0$ $\quad \therefore x^2-4x+4\leq 0$

이 부등식이 $x^2+ax+b\leq 0$과 같으므로

$a=-4,\ b=4$

$\therefore a^2+b^2=32$ 답 ④

10

이차부등식 $(k-2)x^2-2(k-2)x+3\leq 0$의 해가 오직 한 개 존재하려면

$k-2>0$ $\quad \therefore k>2$ $\qquad\qquad \cdots\cdots$ ㉠

또 이차방정식 $(k-2)x^2-2(k-2)x+3=0$의 판별식을 D라 하면

$\dfrac{D}{4}=(k-2)^2-3(k-2)=0$

$(k-2)(k-5)=0$

$\therefore k=2$ 또는 $k=5$ $\qquad\qquad \cdots\cdots$ ㉡

㉠, ㉡에서 $k=5$ 답 5

11

모든 실수 x에 대하여 $x^2+2(k+1)x+2k^2+3k-11\geq 0$이 성립해야 하므로 이차방정식

$x^2+2(k+1)x+2k^2+3k-11=0$의 판별식을 D라 하면

$\dfrac{D}{4}=(k+1)^2-(2k^2+3k-11)\leq 0$

$k^2+k-12\geq 0,\ (k+4)(k-3)\geq 0$

$\therefore k\leq -4$ 또는 $k\geq 3$

따라서 $a=-4,\ b=3$이므로

$b-a=7$ 답 7

12

$y=x^2-ax$의 그래프가 직선 $y=a$보다 항상 위쪽에 있으려면 모든 실수 x에 대하여 $x^2-ax>a$, 즉 $x^2-ax-a>0$이 성립해야 한다.

이때 이차방정식 $x^2-ax-a=0$의 판별식을 D라 하면

$D=a^2-4\cdot(-a)<0$

$a^2+4a<0$, $a(a+4)<0$

$\therefore -4<a<0$

따라서 정수 a는 -3, -2, -1의 3개이다.　　　답 3

13

$x^2-5x-6\leq0$에서 $(x+1)(x-6)\leq0$

$\therefore -1\leq x\leq6$　　　……　㉠

$x^2+2x-3>0$에서 $(x+3)(x-1)>0$

$\therefore x<-3$ 또는 $x>1$　　　……　㉡

㉠, ㉡의 공통 부분을 구하면

$1<x\leq6$　　　답 $1<x\leq6$

14

$x^2-x-6\leq0$에서 $(x+2)(x-3)\leq0$

$\therefore -2\leq x\leq3$　　　……　㉠

따라서 ㉠과 $(x-1)(x-a)\leq0$　… ㉡을 동시에 만족시키는 정수 x의 개수가 2가 되려면 공통부분이 다음 그림과 같아야 한다.

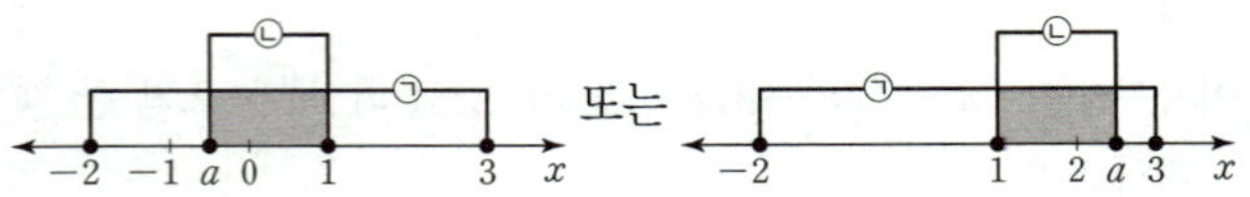

또는

$\therefore -1<a\leq0$ 또는 $2\leq a<3$

답 $-1<a\leq0$ 또는 $2\leq a<3$

15

직사각형 모양의 배추밭의 둘레의 길이가 54 m이므로 가로의 길이를 x m라 하면 세로의 길이는 $(27-x)$ m이다.

배추밭의 넓이가 126 m² 이상이므로

$x(27-x)\geq126$

$x^2-27x+126\leq0$

$(x-6)(x-21)\leq0$

$\therefore 6\leq x\leq21$　　　……　㉠

이때 가로의 길이가 세로의 길이보다 길므로

$x>27-x$, $2x>27$

$\therefore x>\dfrac{27}{2}$　　　……　㉡

㉠, ㉡의 공통부분을 구하면

$\dfrac{27}{2}<x\leq21$

따라서 가로의 길이의 최댓값은 21 m이다.　　　답 21 m

되짚어 보기　　　▶본문 56쪽

01 (1) 12　　　(2) $4\sqrt{3}$

02 (1) 직선의 기울기: $\dfrac{3}{4}$, x절편: 4, y절편: -3

　　(2) 직선의 기울기: 3, x절편: 4, y절편: -12

03 (1)과 (4), (2)와 (3)

04 (1) $a<-4$ 또는 $a>4$　　(2) -4, 4

　　(3) $-4<a<4$

05 (1) $4\sqrt{3}$　　　(2) 12

06 -5, -1

09 평면좌표

교과서 유형 흐름잡기　　　▶본문 59~60쪽

유형 **1** ⑤　　**1**-1 4　　**1**-2 $P\left(\dfrac{7}{3},\ 0\right)$

유형 **2** ③　　**2**-1 -5　　**2**-2 ④

유형 **3** ③　　**3**-1 ②　　**3**-2 27

유형 **4** ③　　**4**-1 -2　　**4**-2 10

유형 1

두 점 A, B 사이의 거리가 $\sqrt{13}$이므로

$\sqrt{(a-3)^2+(1-4)^2}=\sqrt{13}$

$\sqrt{a^2-6a+18}=\sqrt{13}$

양변을 각각 제곱하면

$a^2-6a+18=13$

$a^2-6a+5=0$

$(a-1)(a-5)=0$

$\therefore a=1$ 또는 $a=5$

따라서 모든 실수 a의 값의 합은 6이다.　　　답 ⑤

1-1

두 점 A, B 사이의 거리가 $3\sqrt{2}$이므로

$\sqrt{\{1-(-2)\}^2+(a-1)^2}=3\sqrt{2}$

$\sqrt{a^2-2a+10}=\sqrt{18}$

양변을 각각 제곱하면

$a^2-2a+10=18$

$a^2-2a-8=0$

$(a+2)(a-4)=0$

$\therefore a=4\ (\because a>0)$

답 4

1-2

점 P가 x축 위의 점이므로 $P(a, 0)$이라 하면 $\overline{AP}=\overline{BP}$에서 $\overline{AP}^2=\overline{BP}^2$이므로

$(a+2)^2+(-3)^2=(a-4)^2+(-5)^2$

$a^2+4a+13=a^2-8a+41$

$12a=28 \quad \therefore a=\dfrac{7}{3}$

따라서 점 P의 좌표는 $\left(\dfrac{7}{3}, 0\right)$이다. 　　답 $P\left(\dfrac{7}{3}, 0\right)$

유형 2

$a=\dfrac{1\cdot6+2\cdot3}{1+2}=4,\ b=\dfrac{1\cdot1+2\cdot(-2)}{1+2}=-1$

이므로 $a+b=3$ 　　답 ③

2-1

$a=\dfrac{1\cdot2+3\cdot(-2)}{1+3}=-1,\ b=\dfrac{1\cdot8+3\cdot4}{1+3}=5$

이므로 $ab=-5$ 　　답 -5

2-2

선분 AB를 $2:3$으로 내분하는 점의 좌표가 $(0, 0)$이므로

$\dfrac{2\cdot b+3\cdot(-2)}{2+3}=0,\ \dfrac{2\cdot9+3\cdot a}{2+3}=0$

$2b-6=0,\ 3a+18=0$

$\therefore a=-6,\ b=3$

$\therefore a^2+b^2=45$ 　　답 ④

유형 3

$a=\dfrac{2\cdot4-1\cdot1}{2-1}=7,\ b=\dfrac{2\cdot3-1\cdot5}{2-1}=1$

이므로 $a+b=8$ 　　답 ③

3-1

$a=\dfrac{3\cdot3-2\cdot5}{3-2}=-1,\ b=\dfrac{3\cdot(-2)-2\cdot(-4)}{3-2}=2$

이므로 $b-a=3$ 　　답 ②

3-2

선분 AB를 $2:b$로 외분하는 점의 좌표가 $(0, 0)$이므로

$\dfrac{2\cdot(-3)-b\cdot(-2)}{2-b}=0,\ \dfrac{2\cdot a-b\cdot6}{2-b}=0$

$-6+2b=0,\ a-3b=0$

$\therefore a=9,\ b=3$

$\therefore ab=27$ 　　답 27

유형 4

$a=\dfrac{2+3+4}{3}=3,\ b=\dfrac{-1+4+6}{3}=3$

이므로 $a+b=6$ 　　답 ③

4-1

$a=\dfrac{-3+2+4}{3}=1,\ b=\dfrac{5+(-4)+8}{3}=3$

이므로 $a-b=-2$ 　　답 -2

4-2

삼각형 ABC의 무게중심의 좌표가 $(3, 1)$이므로

$\dfrac{a+2+4}{3}=3,\ \dfrac{5+(-3)+b}{3}=1$

따라서 $a=3,\ b=1$이므로

$a^2+b^2=10$ 　　답 10

교과서 문제 정복하기　　　　▶본문 61쪽

01 29	**02** $P\left(0, -\dfrac{1}{4}\right)$	**03** $\sqrt{17}$	**04** -8
05 4	**06** 49	**07** $\sqrt{58}$	**08** 1

01

선분 AB의 길이 l은 두 점 A, B 사이의 거리이므로

$l=\sqrt{(0+2)^2+(5-0)^2}=\sqrt{29}$

$\therefore l^2=29$ 　　답 29

02

점 P가 y축 위의 점이므로 $P(0, y)$라 하면 $\overline{AP}=\overline{BP}$에서 $\overline{AP}^2=\overline{BP}^2$이므로

$4^2+(y-3)^2=(-2)^2+(y+5)^2$

$y^2-6y+25=y^2+10y+29$

$16y=-4 \quad \therefore y=-\dfrac{1}{4}$

따라서 점 P의 좌표는 $\left(0, -\dfrac{1}{4}\right)$이다. 　　답 $P\left(0, -\dfrac{1}{4}\right)$

03

공원을 원점, 동쪽을 x축의 양의 방향, 북쪽을 y축의 양의 방향으로 하는 좌표평면을 생각하면 백화점의 좌표는 $(3, 2)$, 학교의 좌표는 $(-1, 1)$이므로 백화점과 학교 사이의 직선 거리는

$\sqrt{(-1-3)^2+(1-2)^2}=\sqrt{17}$ 　　답 $\sqrt{17}$

04

$a=\dfrac{2\cdot2+1\cdot8}{2+1}=4,\ b=\dfrac{2\cdot(-5)+1\cdot4}{2+1}=-2$

이므로 $ab=-8$ 　　답 -8

05

$\dfrac{5\cdot4+2\cdot(-3)}{5+2}=b,\ \dfrac{5\cdot a+2\cdot(-5)}{5+2}=0$에서

$2=b$, $5a-10=0$

$\therefore a=2$, $b=2$

$\therefore a+b=4$

답 4

06

$a=\dfrac{4\cdot(-5)-3\cdot3}{4-3}=-29$, $b=\dfrac{4\cdot2-3\cdot(-4)}{4-3}=20$

이므로 $b-a=49$

답 49

07

두 점 $A(0,4)$, $B(2,6)$에 대하여 선분 AB를 $3:1$로 외분하는 점을 C라 하면

$C\left(\dfrac{3\cdot2-1\cdot0}{3-1},\ \dfrac{3\cdot6-1\cdot4}{3-1}\right)$, 즉 $C(3,7)$

따라서 원점과 점 C 사이의 거리는

$\sqrt{(3-0)^2+(7-0)^2}=\sqrt{58}$

답 $\sqrt{58}$

08

$a=\dfrac{5+3+4}{3}=4$, $b=\dfrac{2+(-4)+(-7)}{3}=-3$

이므로 $a+b=1$

답 1

[10 직선의 방정식]

교과서 유형 흐름잡기

> 본문 63~65쪽

유형 1 ①	1-1 4	1-2 13
유형 2 ③	2-1 제1, 2, 4사분면	2-2 제2, 3, 4사분면
유형 3 ③	3-1 2	3-2 5
유형 4 ③	4-1 4	4-2 ②
유형 5 ②	5-1 3	5-2 30
유형 6 ③	6-1 2	6-2 11

유형 1

기울기가 2이고 점 $(1,3)$을 지나는 직선의 방정식은

$y-3=2(x-1)$

$\therefore y=2x+1$

따라서 y절편은 1이다.

답 ①

1-1

기울기가 -3이고 점 $(2,6)$을 지나는 직선의 방정식은

$y-6=-3(x-2)$

$\therefore y=-3x+12$

따라서 x절편은 4이다.

답 4

1-2

두 점 $(-2,1)$, $(-1,5)$를 지나는 직선의 방정식은

$y-1=\dfrac{5-1}{-1-(-2)}\{x-(-2)\}$

$\therefore y=4x+9$

즉, $4x-y+9=0$이므로 $a=4$, $b=9$

$\therefore a+b=13$

답 13

유형 2

$ax+by+c=0$에서 $y=-\dfrac{a}{b}x-\dfrac{c}{b}$

이때 $ac<0$, $bc>0$에서 a와 b의 부호는 서로 다르므로

$-\dfrac{a}{b}>0$, $-\dfrac{c}{b}<0$

따라서 주어진 직선의 기울기는 양수이고 y절편은 음수이므로 직선 $ax+by+c=0$은 제1, 3, 4사분면을 지난다.

답 ③

2-1

$ax+by+c=0$에서 $y=-\dfrac{a}{b}x-\dfrac{c}{b}$

이때 $ab>0$, $bc<0$에서

$-\dfrac{a}{b}<0$, $-\dfrac{c}{b}>0$

따라서 주어진 직선의 기울기는 음수이고 y절편은 양수이므로 직선 $ax+by+c=0$은 제1, 2, 4사분면을 지난다.

답 제1, 2, 4사분면

2-2

$ax+by+c=0$, 즉 $y=-\dfrac{a}{b}x-\dfrac{c}{b}$의 기울기는 음수, y절편도 음수이므로

$$-\dfrac{a}{b}<0,\ -\dfrac{c}{b}<0$$

$cx+by+a=0$에서 $y=-\dfrac{c}{b}x-\dfrac{a}{b}$

따라서 직선 $cx+by+a=0$의 기울기는 음수, y절편도 음수이므로 이 직선은 제2, 3, 4사분면을 지난다.

답 제2, 3, 4사분면

유형 3

두 직선 $y=(a^2-6)x-a$, $y=ax+2$가 서로 평행하므로
$a^2-6=a$에서 $a^2-a-6=0$
$(a+2)(a-3)=0$ ∴ $a=-2$ 또는 $a=3$
또 y절편이 같지 않아야 하므로 $-a\neq2$, 즉 $a\neq-2$이다.
∴ $a=3$

답 ③

3-1

두 직선 $y=(a^2+2)x+5$, $y=3ax+a+4$가 서로 평행하므로
$a^2+2=3a$에서 $a^2-3a+2=0$
$(a-1)(a-2)=0$
∴ $a=1$ 또는 $a=2$
또 y절편이 같지 않아야 하므로 $5\neq a+4$, 즉 $a\neq1$이다.
∴ $a=2$

답 2

3-2

두 직선 $ax-3y-5=0$, $(a-2)x+(a+2)y+2=0$이 서로 수직이므로
$a(a-2)-3(a+2)=0$에서 $a^2-5a-6=0$
$(a+1)(a-6)=0$ ∴ $a=-1$ 또는 $a=6$
따라서 모든 실수 a의 값의 합은 $-1+6=5$

답 5

유형 4

주어진 식을 k에 대하여 정리하면
$(x+3y-2)k+(x+2y-4)=0$
이 식이 k에 대한 항등식이므로
$x+3y-2=0$, $x+2y-4=0$
두 식을 연립하여 풀면 $x=8$, $y=-2$
따라서 직선 $(k+1)x+(3k+2)y-2k-4=0$은 모든 실수 k에 대하여 항상 점 $(8, -2)$를 지나므로
$a+b=6$

답 ③

4-1

주어진 식을 k에 대하여 정리하면
$(x+2y-6)k+(x-3y+4)=0$

이 식이 k에 대한 항등식이므로
$x+2y-6=0$, $x-3y+4=0$
두 식을 연립하여 풀면 $x=2$, $y=2$
따라서 직선 $(k+1)x+(2k-3)y-6k+4=0$은 모든 실수 k에 대하여 항상 점 $(2, 2)$를 지나므로
$ab=4$

답 4

4-2

주어진 식을 k에 대하여 정리하면
$(2x+y+5)k+(x-3y-1)=0$
이 식이 k에 대한 항등식이므로
$2x+y+5=0$, $x-3y-1=0$
두 식을 연립하여 풀면 $x=-2$, $y=-1$
따라서 원점과 점 $P(-2, -1)$ 사이의 거리는
$\sqrt{(-2)^2+(-1)^2}=\sqrt5$

답 ②

유형 5

점 $(1, 2)$와 직선 $4x-3y+7=0$ 사이의 거리는
$$\dfrac{|4\cdot1-3\cdot2+7|}{\sqrt{4^2+(-3)^2}}=1$$

답 ②

5-1

점 $(2, -1)$과 직선 $3x+4y+13=0$ 사이의 거리는
$$\dfrac{|3\cdot2+4\cdot(-1)+13|}{\sqrt{3^2+4^2}}=3$$

답 3

5-2

점 $(4, 2)$와 직선 $5x-12y+a=0$ 사이의 거리가 2이므로
$$\dfrac{|5\cdot4-12\cdot2+a|}{\sqrt{5^2+(-12)^2}}=2$$
$|a-4|=26$
∴ $a=30$ $(\because a>0)$

답 30

유형 6

두 직선 $3x-4y+7=0$과 $3x-4y+10=0$은 평행하므로 두 직선 사이의 거리는 직선 $3x-4y+10=0$ 위의 한 점 $(-2, 1)$과 직선 $3x-4y+7=0$ 사이의 거리와 같다.
따라서 구하는 거리는
$$\dfrac{|3\cdot(-2)-4\cdot1+7|}{\sqrt{3^2+(-4)^2}}=\dfrac{3}{5}$$

답 ③

6-1

두 직선 $x-\sqrt3y+4=0$과 $x-\sqrt3y+8=0$은 평행하므로 두 직선 사이의 거리는 직선 $x-\sqrt3y+4=0$ 위의 한 점 $(-4, 0)$과 직선 $x-\sqrt3y+8=0$ 사이의 거리와 같다.
따라서 구하는 거리는
$$\dfrac{|-4-\sqrt3\cdot0+8|}{\sqrt{1^2+(\sqrt3)^2}}=2$$

답 2

두 직선 $x-y+5=0$과 $x-y+k=0$은 평행하므로 두 직선 사이의 거리는 직선 $x-y+5=0$ 위의 한 점 $(-5,\ 0)$과 직선 $x-y+k=0$ 사이의 거리와 같다.

두 직선 사이의 거리가 $3\sqrt{2}$이므로

$$\frac{|-5-0+k|}{\sqrt{1^2+(-1)^2}}=3\sqrt{2}$$

$$|k-5|=6$$

$$\therefore k=11\ (\because k>0)$$ **답** 11

교과서 문제 정복하기 　　▶ 본문 66~67쪽

01 2	**02** 4	**03** -36	**04** $y=\dfrac{4}{7}x+\dfrac{5}{7}$
05 ③	**06** -2	**07** 2	**08** 15
09 $\text{P}(2,\ -4)$		**10** $5\sqrt{2}$	**11** 3　　　**12** 11
13 $\dfrac{52}{5}$ m	**14** $\dfrac{3\sqrt{5}}{5}$	**15** $\dfrac{9}{4}$	

01

기울기가 3이고 점 $(2,\ 5)$를 지나는 직선의 방정식은

$$y-5=3(x-2)$$

$$\therefore y=3x-1$$

이 직선이 점 $(1,\ a)$를 지나므로

$$a=3\cdot1-1=2$$ **답** 2

02

두 점 $(-3,\ -5),\ (2,\ 5)$를 지나는 직선의 방정식은

$$y+5=\frac{5-(-5)}{2-(-3)}(x+3) \qquad \therefore y=2x+1$$

이 직선이 점 $(a,\ 9)$를 지나므로

$$9=2a+1 \qquad \therefore a=4$$ **답** 4

03

x절편이 3, y절편이 4인 직선의 방정식은

$$\frac{x}{3}+\frac{y}{4}=1 \qquad \therefore 4x+3y-12=0$$

따라서 $a=3,\ b=-12$이므로

$$ab=-36$$ **답** -36

04

직선 l의 방정식은

$$y-3=\frac{4}{7}(x-4)$$

$$\therefore y=\frac{4}{7}x+\frac{5}{7}$$ **답** $y=\dfrac{4}{7}x+\dfrac{5}{7}$

05

$ax+by+c=0$에서 $y=-\dfrac{a}{b}x-\dfrac{c}{b}$

이때 $ab<0,\ bc<0$에서 $-\dfrac{a}{b}>0,\ -\dfrac{c}{b}>0$

따라서 주어진 직선의 기울기는 양수이고 y절편도 양수이므로 직선 $ax+by+c=0$의 개형은 ③이다.   **답** ③

06

두 직선 $kx-2y+4=0,\ x+y+3=0$이 평행하므로

$$\frac{k}{1}=\frac{-2}{1}\neq\frac{4}{3}$$

$$\therefore k=-2$$ **답** -2

07

두 직선 $ax-6y+1=0,\ (a+1)x+y+3=0$이 서로 수직이므로

$$a(a+1)-6\cdot1=0$$

$$a^2+a-6=0$$

$$(a+3)(a-2)=0$$

$$\therefore a=2\ (\because a>0)$$ **답** 2

08

직선 $mx-y-1=0$이 직선 $nx-3y+2=0$과 수직이므로

$$mn+(-1)\cdot(-3)=0$$

$$\therefore mn=-3$$

또 직선 $mx-y-1=0$이 직선 $(n+3)x+y+5=0$과 평행하므로

$$\frac{m}{n+3}=\frac{-1}{1}\neq\frac{-1}{5}$$

$$m=-n-3$$

$$\therefore m+n=-3$$

$$\therefore m^2+n^2=(m+n)^2-2mn$$
$$=(-3)^2-2\cdot(-3)=15$$ **답** 15

09

주어진 식을 k에 대하여 정리하면

$$(3x+y-2)k+(-2x+y+8)=0$$

이 식이 k에 대한 항등식이므로

$$3x+y-2=0,\ -2x+y+8=0$$

두 식을 연립하여 풀면 $x=2,\ y=-4$

$$\therefore \text{P}(2,\ -4)$$ **답** $\text{P}(2,\ -4)$

10

주어진 식을 k에 대하여 정리하면

$$(2x-y+5)k+(4x-y+3)=0$$

이 식이 k에 대한 항등식이므로

$$2x-y+5=0,\ 4x-y+3=0$$

두 식을 연립하여 풀면 $x=1$, $y=7$
따라서 원점과 점 P$(1, 7)$ 사이의 거리는
$\sqrt{1^2+7^2}=5\sqrt{2}$

답 $5\sqrt{2}$

11

점 $(1, -2)$와 직선 $4x-3y+5=0$ 사이의 거리는
$$\dfrac{|4\cdot1-3\cdot(-2)+5|}{\sqrt{4^2+(-3)^2}}=3$$

답 3

12

점 $(1, 1)$과 직선 $3x-4y+a=0$ 사이의 거리가 2이므로
$$\dfrac{|3\cdot1-4\cdot1+a|}{\sqrt{3^2+(-4)^2}}=2$$
$|a-1|=10$
$\therefore a=11$ ($\because a>0$)

답 11

13

주어진 그림에서 두 점 A$(0, 6)$, B$(8, 0)$을 지나는 직선의 방정식은
$$\dfrac{x}{8}+\dfrac{y}{6}=1$$
$3x+4y=24$
$\therefore 3x+4y-24=0$ $\qquad\qquad \cdots\cdots\ \bigcirc$
이때 수영해서 이동해야 하는 최소 거리는 점 P$(12, 10)$과 직선 $\bigcirc$ 사이의 거리이므로
$$\dfrac{|3\cdot12+4\cdot10-24|}{\sqrt{3^2+4^2}}=\dfrac{52}{5}(\text{m})$$

답 $\dfrac{52}{5}$ m

14

두 직선 $x-2y+4=0$, $x-2y+7=0$은 서로 평행하므로 두 직선 사이의 거리는 직선 $x-2y+4=0$ 위의 한 점 $(0, 2)$와 직선 $x-2y+7=0$ 사이의 거리와 같다.
따라서 구하는 거리는
$$\dfrac{|0-2\cdot2+7|}{\sqrt{1^2+(-2)^2}}=\dfrac{3}{\sqrt{5}}=\dfrac{3\sqrt{5}}{5}$$

답 $\dfrac{3\sqrt{5}}{5}$

15

두 직선 $3x-4y-9=0$, $3x-4y+k=0$은 서로 평행하므로 두 직선 사이의 거리는 직선 $3x-4y-9=0$ 위의 한 점 $(3, 0)$과 직선 $3x-4y+k=0$ 사이의 거리와 같다.
두 직선 사이의 거리가 k이므로
$$\dfrac{|3\cdot3-0+k|}{\sqrt{3^2+(-4)^2}}=k$$
$|k+9|=5k$
$k+9=5k$ ($\because k>0$)
$\therefore k=\dfrac{9}{4}$

답 $\dfrac{9}{4}$

---

11 원의 방정식

교과서 유형 흐름잡기

▶ 본문 69~71쪽

유형 1 ③	1-1 6	1-2 $(x+3)^2+y^2=25$
유형 2 ②	2-1 -18	2-2 ③
유형 3 ⑤	3-1 -15	3-2 -14
유형 4 ①	4-1 -12	4-2 11
유형 5 ①	5-1 $2\sqrt{10}$	5-2 12
유형 6 ①, ④	6-1 $y=2x\pm5$	6-2 -9

유형 1

원의 중심이 $(2, 4)$이므로 원의 방정식은
$(x-2)^2+(y-4)^2=r^2$
이 원이 점 $(-1, 2)$를 지나므로
$(-1-2)^2+(2-4)^2=r^2$
$r^2=13$ $\quad\therefore r=\sqrt{13}$ ($\because r>0$)
따라서 $a=2$, $b=4$, $r=\sqrt{13}$이므로
$a^2+b^2+r^2=33$

답 ③

1-1

원의 중심이 $(3, -2)$이므로 원의 방정식은
$(x-3)^2+(y+2)^2=r^2$
이 원이 점 $(6, 2)$를 지나므로
$(6-3)^2+(2+2)^2=r^2$
$r^2=25$ $\quad\therefore r=5$ ($\because r>0$)
따라서 $a=3$, $b=-2$, $r=5$이므로
$a+b+r=6$

답 6

1-2

원의 중심을 $(a, 0)$, 반지름의 길이를 r라 하면 원의 방정식은
$(x-a)^2+y^2=r^2$
이 원이 점 $(1, 3)$을 지나므로
$(1-a)^2+9=r^2$
$\therefore a^2-2a+10=r^2$ $\qquad\cdots\cdots\bigcirc$
또 이 원이 점 $(0, 4)$를 지나므로
$(-a)^2+16=r^2$
$\therefore a^2+16=r^2$ $\qquad\cdots\cdots\bigcirc\!\!\bigcirc$
$\bigcirc$, $\bigcirc\!\!\bigcirc$을 연립하여 풀면 $a=-3$, $r^2=25$
따라서 구하는 원의 방정식은
$(x+3)^2+y^2=25$

답 $(x+3)^2+y^2=25$

유형 2

원의 중심이 $(-1, 4)$이므로 원의 방정식은
$(x+1)^2+(y-4)^2=r^2$
이 원이 x축에 접하므로 반지름의 길이 r는 4이다.

따라서 구하는 원의 방정식은
$(x+1)^2+(y-4)^2=4^2$
이므로 $a=-1$, $b=4$, $r=4$
$\therefore a+b+r=7$ 답 ②

2-1

원의 중심이 $(-3,\ 2)$이므로 원의 방정식은
$(x+3)^2+(y-2)^2=r^2$
이 원이 y축에 접하므로 반지름의 길이 r는 3이다.
따라서 구하는 원의 방정식은
$(x+3)^2+(y-2)^2=3^2$
이므로 $a=-3$, $b=2$, $r=3$
$\therefore abr=-18$ 답 -18

2-2

원이 점 $(3,\ 0)$에서 x축에 접하므로 원의 중심을 $(3,\ a)$라 하면 반지름의 길이는 $|a|$이다.
이때 원의 방정식은
$(x-3)^2+(y-a)^2=a^2$
이 원이 점 $(7,\ 2)$를 지나므로
$(7-3)^2+(2-a)^2=a^2$
$16+4-4a+a^2=a^2$
$\therefore a=5$
따라서 구하는 원의 방정식은
$(x-3)^2+(y-5)^2=25$ 답 ③

유형 3

$x^2+y^2-4x=0$ $\qquad\cdots\cdots$ ㉠
$x^2+y^2-2x+4y+3=0$ $\qquad\cdots\cdots$ ㉡
㉠$-$㉡을 하면
$-2x-4y-3=0$ $\qquad \therefore 2x+4y+3=0$
따라서 두 원 $x^2+y^2-4x=0$, $x^2+y^2-2x+4y+3=0$의 교점을 지나는 직선의 방정식은 $2x+4y+3=0$이므로
$a=4$, $b=3$
$\therefore a+b=7$ 답 ⑤

3-1

$x^2+y^2-2x-2y=0$ $\qquad\cdots\cdots$ ㉠
$x^2+y^2-3x+y-5=0$ $\qquad\cdots\cdots$ ㉡
㉠$-$㉡을 하면
$x-3y+5=0$
따라서 두 원 $x^2+y^2-2x-2y=0$, $x^2+y^2-3x+y-5=0$의 교점을 지나는 직선의 방정식은 $x-3y+5=0$이므로
$a=-3$, $b=5$
$\therefore ab=-15$ 답 -15

3-2

주어진 두 원의 교점을 지나는 원의 방정식을
$x^2+y^2-2x-3+k(x^2+y^2-6y-5)=0\ (k\neq-1)$
$\qquad\qquad\cdots\cdots$ ㉠
이라 하면 이 원이 점 $(2,\ 0)$을 지나므로
$-3-k=0$ $\qquad \therefore k=-3$
$k=-3$을 ㉠에 대입하여 정리하면
$x^2+y^2+x-9y-6=0$
따라서 $a=1$, $b=-9$, $c=-6$이므로
$a+b+c=-14$ 답 -14

유형 4

$y=\sqrt{3}x+k$를 $x^2+y^2=9$에 대입하면
$x^2+(\sqrt{3}x+k)^2=9$
$\therefore 4x^2+2\sqrt{3}kx+k^2-9=0$ $\qquad\cdots\cdots$ ㉠
원과 직선이 한 점에서 만나므로 이차방정식 ㉠의 판별식을 D라 하면
$\dfrac{D}{4}=(\sqrt{3}k)^2-4(k^2-9)=0$
$-k^2+36=0$
$\therefore k=6\ (\because k>0)$ 답 ①

4-1

$y=2\sqrt{2}x+k$를 $x^2+y^2=16$에 대입하면
$x^2+(2\sqrt{2}x+k)^2=16$
$\therefore 9x^2+4\sqrt{2}kx+k^2-16=0$ $\qquad\cdots\cdots$ ㉠
원과 직선이 한 점에서 만나므로 이차방정식 ㉠의 판별식을 D라 하면
$\dfrac{D}{4}=(2\sqrt{2}k)^2-9(k^2-16)=0$
$-k^2+144=0$
$\therefore k=-12\ (\because k<0)$ 답 -12

4-2

$y=\sqrt{3}x+k$를 $x^2+y^2-6y=0$에 대입하면
$x^2+(\sqrt{3}x+k)^2-6(\sqrt{3}x+k)=0$
$\therefore 4x^2+2\sqrt{3}(k-3)x+k^2-6k=0$ $\qquad\cdots\cdots$ ㉠
원과 직선이 서로 다른 두 점에서 만나므로 이차방정식 ㉠의 판별식을 D라 하면
$\dfrac{D}{4}=\{\sqrt{3}(k-3)\}^2-4(k^2-6k)>0$
$-k^2+6k+27>0$
$k^2-6k-27<0$
$(k+3)(k-9)<0$
$\therefore -3<k<9$
따라서 정수 k는 -2, -1, 0, $\cdots$, 8의 11개이다. 답 11

원 $x^2+y^2-6y=0$에서 $x^2+(y-3)^2=9$

원 $x^2+y^2-6y=0$과 직선 $y=\sqrt{3}x+k$가 서로 다른 두 점에서 만나려면 원의 중심 $(0, 3)$과 직선 $\sqrt{3}x-y+k=0$ 사이의 거리가 반지름의 길이인 3보다 작아야 하므로

$$\frac{|0-3+k|}{\sqrt{(\sqrt{3})^2+(-1)^2}}<3$$

$$|k-3|<6$$

$$-6<k-3<6$$

$$\therefore\ -3<k<9$$

따라서 정수 k는 $-2, -1, 0, \cdots, 8$의 11개이다.

유형 5

원의 중심 $(0, 0)$과 직선 $2x-y+5=0$ 사이의 거리는

$$\frac{|0-0+5|}{\sqrt{2^2+(-1)^2}}=\frac{5}{\sqrt{5}}=\sqrt{5}$$

이때 원의 반지름의 길이가 2이므로

$$M=\sqrt{5}+2,\ m=\sqrt{5}-2$$

$$\therefore\ Mm=(\sqrt{5}+2)(\sqrt{5}-2)=1$$

답 ①

5-1

원의 중심 $(0, 0)$과 직선 $x-3y+10=0$ 사이의 거리는

$$\frac{|0-0+10|}{\sqrt{1^2+(-3)^2}}=\frac{10}{\sqrt{10}}=\sqrt{10}$$

이때 원의 반지름의 길이가 1이므로

$$M=\sqrt{10}+1,\ m=\sqrt{10}-1$$

$$\therefore\ M+m=(\sqrt{10}+1)+(\sqrt{10}-1)$$
$$=2\sqrt{10}$$

답 $2\sqrt{10}$

5-2

$x^2+y^2-4x+2y+1=0$에서 $(x-2)^2+(y+1)^2=4$

원 $(x-2)^2+(y+1)^2=4$의 중심 $(2, -1)$과 직선 $3x-4y+10=0$ 사이의 거리는

$$\frac{|3\cdot2-4\cdot(-1)+10|}{\sqrt{3^2+(-4)^2}}=4$$

이때 원의 반지름의 길이가 2이므로

$$M=4+2=6,\ m=4-2=2$$

$$\therefore\ Mm=12$$

답 12

유형 6

직선 $x-3y+9=0$, 즉 $y=\frac{1}{3}x+3$에 수직인 직선의 기울기는 -3이고 원의 반지름의 길이는 $\sqrt{10}$이므로 구하는 접선의 방정식은

$$y=-3x\pm\sqrt{10}\cdot\sqrt{(-3)^2+1}$$

$$\therefore\ y=-3x\pm10$$

답 ①, ④

6-1

직선 $x+2y+3=0$, 즉 $y=-\frac{1}{2}x-\frac{3}{2}$에 수직인 직선의 기울기는 2이고 원의 반지름의 길이는 $\sqrt{5}$이므로 구하는 접선의 방정식은

$$y=2x\pm\sqrt{5}\cdot\sqrt{2^2+1}$$

$$\therefore\ y=2x\pm5$$

답 $y=2x\pm5$

6-2

원 $x^2+y^2=18$ 위의 점 (a, b)에서의 접선의 방정식은

$$ax+by=18\qquad\therefore\ y=-\frac{a}{b}x+\frac{18}{b}$$

$-\frac{a}{b}=1$이므로 $a=-b$ $\qquad\cdots\cdots$ ㉠

한편, 점 (a, b)는 원 $x^2+y^2=18$ 위에 있으므로

$$a^2+b^2=18\qquad\cdots\cdots\ ㉡$$

㉠, ㉡을 연립하여 풀면

$a=3, b=-3$ 또는 $a=-3, b=3$

$$\therefore\ ab=-9$$

답 -9

교과서 문제 정복하기 ▶ 본문 72~73쪽

01 $(x+3)^2+(y-1)^2=17$	02 -2	03 ③
04 $-\dfrac{4}{5}$	05 $(x+5)^2+(y+4)^2=16$	06 10
07 ①	08 2π	09 ⑤
10 9		
11 $y=\dfrac{3}{4}x+\dfrac{15}{4}$	12 5	13 26
14 $y=x\pm2$	15 2	

01

반지름의 길이를 r라 하면 원의 중심이 $(-3, 1)$이므로 원의 방정식은

$$(x+3)^2+(y-1)^2=r^2$$

이 원이 점 $(-4, 5)$를 지나므로

$$(-4+3)^2+(5-1)^2=r^2\qquad\therefore\ r^2=17$$

따라서 구하는 원의 방정식은

$$(x+3)^2+(y-1)^2=17$$

답 $(x+3)^2+(y-1)^2=17$

02

원의 중심은 현의 수직이등분선 위에 있으므로 직선 $x=-4$ 위에 있다.

즉, 원의 중심이 $(-4, b)$이므로 원의 방정식은

$$(x+4)^2+(y-b)^2=r^2$$

이 원이 점 $(0, 0)$을 지나므로

$$16+b^2=r^2\qquad\cdots\cdots$$ ㉠

또, 이 원이 점 $(-4, 2)$를 지나므로 $(2-b)^2=r^2$

$\therefore b^2-4b+4=r^2$ $\qquad\cdots\cdots$ ㉡

㉠, ㉡을 연립하여 풀면 $b=-3$, $r^2=25$

따라서 원의 중심은 $(-4, -3)$이고 반지름의 길이는 5이므로

$a=-4$, $b=-3$, $r=5$

$\therefore a+b+r=-2$ $\qquad$ 답 -2

03

원 $x^2+y^2-10x+12y+12=0$에서

$(x-5)^2+(y+6)^2=49$

따라서 중심은 $(5, -6)$이고 반지름의 길이는 7이므로

$a=5$, $b=-6$, $r=7$

$\therefore a+b+r=6$ $\qquad$ 답 ③

04

$x^2+y^2-10x+8y+12=0$에서 $(x-5)^2+(y+4)^2=29$

직선 $y=ax$가 원 $(x-5)^2+(y+4)^2=29$의 넓이를 이등분하므로 원의 중심 $(5, -4)$를 지난다. 즉

$-4=5a$ $\quad\therefore a=-\dfrac{4}{5}$ $\qquad$ 답 $-\dfrac{4}{5}$

05

반지름의 길이를 r라 하면 원의 중심이 $(-5, -4)$이므로 원의 방정식은

$(x+5)^2+(y+4)^2=r^2$

이 원이 x축에 접하므로 반지름의 길이 r는 4이다.

따라서 구하는 원의 방정식은

$(x+5)^2+(y+4)^2=16$ $\qquad$ 답 $(x+5)^2+(y+4)^2=16$

06

중심이 y축에 있고 원이 x축에 접하므로 원의 중심을 $(0, a)$라 하면 반지름의 길이는 $|a|$이다.

이때 원의 방정식은

$x^2+(y-a)^2=a^2$ $\qquad\cdots\cdots$ ㉠

이 원이 점 $(6, 2)$를 지나므로

$6^2+(2-a)^2=a^2$

$36+4-4a+a^2=a^2$

$\therefore a=10$

따라서 원의 반지름의 길이는 10이다.

답 10

07

$x^2+y^2+2ax=0$ $\qquad\cdots\cdots$ ㉠

$x^2+y^2-x+3y-5=0$ $\qquad\cdots\cdots$ ㉡

㉠$-$㉡을 하면

$(2a+1)x-3y+5=0$ $\qquad\cdots\cdots$ ㉢

직선 ㉢이 점 $(1, 4)$를 지나므로

$2a+1-12+5=0$

$\therefore a=3$ $\qquad$ 답 ①

08

두 원의 교점을 지나는 원의 방정식을

$x^2+y^2+2x-4+k(x^2+y^2+2x-4y+4)=0$ $(k\neq-1)$

$\qquad\cdots\cdots$ ㉠

이라 하면 이 원이 원점을 지나므로

$-4+4k=0$ $\quad\therefore k=1$

$k=1$을 ㉠에 대입하여 정리하면

$x^2+y^2+2x-2y=0$

$\therefore (x+1)^2+(y-1)^2=2$

따라서 원의 넓이는 2π이다. $\qquad$ 답 2π

09

$y=3x+k$를 $x^2+y^2=10$에 대입하면

$x^2+(3x+k)^2=10$

$\therefore 10x^2+6kx+k^2-10=0$ $\qquad\cdots\cdots$ ㉠

원과 직선이 한 점에서 만나므로 이차방정식 ㉠의 판별식을 D라 하면

$\dfrac{D}{4}=(3k)^2-10(k^2-10)=0$

$-k^2+100=0$

$\therefore k=10$ $(\because k>0)$ $\qquad$ 답 ⑤

10

$y=2x+k$를 $x^2+y^2=5$에 대입하면

$x^2+(2x+k)^2=5$

$\therefore 5x^2+4kx+k^2-5=0$ $\qquad\cdots\cdots$ ㉠

원과 직선이 서로 다른 두 점에서 만나므로 이차방정식 ㉠의 판별식을 D라 하면

$\dfrac{D}{4}=(2k)^2-5(k^2-5)>0$

$-k^2+25>0$, $k^2-25<0$

$(k+5)(k-5)<0$

$\therefore -5<k<5$

따라서 정수 k는 -4, -3, -2, $\cdots$, 4의 9개이다. $\qquad$ 답 9

11

등대는 3 km 떨어진 곳까지만 빛을 비추므로 등대의 불빛이 닿는 영역의 경계를 나타내는 원의 방정식은

$x^2+y^2=9$

구하는 직선의 방정식은 점 $A(-5, 0)$에서 원 $x^2+y^2=9$에 그은 접선의 방정식이다.

접점을 $P(x_1, y_1)$이라 하면 원 $x^2+y^2=9$ 위의 점 P에서의 접선의 방정식은
$$x_1x+y_1y=9$$
이 직선이 점 $A(-5, 0)$을 지나므로
$$-5x_1=9 \qquad \therefore x_1=-\frac{9}{5} \qquad \cdots\cdots \text{㉠}$$
점 $P(x_1, y_1)$은 원 $x^2+y^2=9$ 위의 점이므로
$$x_1^2+y_1^2=9 \qquad \cdots\cdots \text{㉡}$$
㉠을 ㉡에 대입하면 $\left(-\frac{9}{5}\right)^2+y_1^2=9$
$$\therefore y_1=\frac{12}{5} \text{ 또는 } y_1=-\frac{12}{5}$$
따라서 원 $x^2+y^2=9$ 위의 점 P에서의 접선의 방정식은
$$-\frac{9}{5}x+\frac{12}{5}y=9, \ -\frac{9}{5}x-\frac{12}{5}y=9$$
$$\therefore y=\frac{3}{4}x+\frac{15}{4}, \ y=-\frac{3}{4}x-\frac{15}{4}$$
그런데 구하는 접선의 방정식은 기울기가 양수인 직선의 방정식이므로
$$y=\frac{3}{4}x+\frac{15}{4}$$
답 $y=\frac{3}{4}x+\frac{15}{4}$

12

원 $x^2+y^2=4$의 중심 $(0, 0)$과 직선 $3x-4y-15=0$ 사이의 거리는
$$\frac{|0-0-15|}{\sqrt{3^2+(-4)^2}}=3$$
이때 원의 반지름의 길이가 2이므로 원 위의 점과 직선 사이의 거리의 최댓값은
$$3+2=5$$
답 5

13

$x^2+y^2-6x+8y=0$에서 $(x-3)^2+(y+4)^2=25$
원의 중심 $(3, -4)$와 직선 $4x-3y+k=0$ 사이의 거리는
$$\frac{|4\cdot3-3\cdot(-4)+k|}{\sqrt{4^2+(-3)^2}}=\frac{|24+k|}{5}$$
원의 반지름의 길이가 5이고, 원 위의 점 P와 직선 사이의 거리의 최댓값이 15이므로
$$\frac{|24+k|}{5}+5=15 \qquad \therefore k=26 \ (\because k>0)$$
답 26

14

직선 $x-y+1=0$, 즉 $y=x+1$에 평행한 직선의 기울기는 1이고 원의 반지름의 길이는 $\sqrt{2}$이므로 구하는 접선의 방정식은
$$y=x\pm\sqrt{2}\cdot\sqrt{1^2+1}$$
$$\therefore y=x\pm2$$
답 $y=x\pm2$

15

원 $(x-2)^2+(y+1)^2=5$ 위의 점 $(1, 1)$에서의 접선은 점 $(1, 1)$과 원의 중심 $(2, -1)$을 지나는 직선에 수직이다.
이때 점 $(1, 1)$과 원의 중심 $(2, -1)$을 지나는 직선의 기울기는
$$\frac{-1-1}{2-1}=-2$$
이므로 원 위의 점 $(1, 1)$에서의 접선의 기울기는 $\frac{1}{2}$이다.
따라서 원 위의 점 $(1, 1)$에서의 접선의 방정식은
$$y-1=\frac{1}{2}(x-1)$$
$$\therefore y=\frac{1}{2}x+\frac{1}{2} \qquad \cdots\cdots \text{㉠}$$
직선 ㉠이 점 $(3, a)$를 지나므로
$$a=\frac{1}{2}\cdot3+\frac{1}{2}$$
$$\therefore a=2$$
답 2

12 도형의 이동

교과서 유형 흐름잡기　　　▶ 본문 75~77쪽

유형 **1** ②	**1**-1 10	**1**-2 13
유형 **2** ②	**2**-1 3	**2**-2 20
유형 **3** ③	**3**-1 2	**3**-2 ③
유형 **4** ①	**4**-1 -3	**4**-2 3
유형 **5** ②	**5**-1 -3	**5**-2 -1
유형 **6** ④	**6**-1 12	
	6-2 $(x-1)^2+(y-2)^2=1$	

유형 1

점 $P(3, 6)$을 x축의 방향으로 4만큼, y축의 방향으로 -5만큼 평행이동한 점은

$P'(3+4, 6-5)$, 즉 $P'(7, 1)$

따라서 $a=7$, $b=1$이므로

$ab=7$　　　　　　　　　　　　　　　　답 ②

1-1

점 $P(7, 4)$를 x축의 방향으로 -3만큼, y축의 방향으로 2만큼 평행이동한 점은

$P'(7-3, 4+2)$, 즉 $P'(4, 6)$

따라서 $a=4$, $b=6$이므로

$a+b=10$　　　　　　　　　　　　　　답 10

1-2

점 $P(a, b)$를 x축의 방향으로 b만큼, y축의 방향으로 $-2a$만큼 평행이동한 점은 $P'(a+b, b-2a)$이므로

$a+b=5$, $-2a+b=-1$

따라서 $a=2$, $b=3$이므로

$a^2+b^2=13$　　　　　　　　　　　　답 13

유형 2

직선 $x+2y-3=0$을 x축의 방향으로 p만큼, y축의 방향으로 $2p$만큼 평행이동한 직선의 방정식은

$(x-p)+2(y-2p)-3=0$

$\therefore x+2y-5p-3=0$　　　　　　…… ㉠

직선 ㉠이 점 $(3, 5)$를 지나므로

$3+10-5p-3=0$

$\therefore p=2$　　　　　　　　　　　　답 ②

2-1

직선 $2x+3y-5=0$을 x축의 방향으로 p만큼, y축의 방향으로 $p-2$만큼 평행이동한 직선의 방정식은

$2(x-p)+3\{y-(p-2)\}-5=0$

$\therefore 2x+3y-5p+1=0$　　　　　　…… ㉠

직선 ㉠이 점 $(4, 2)$를 지나므로

$8+6-5p+1=0$

$\therefore p=3$　　　　　　　　　　　　답 3

2-2

원 $(x-4)^2+(y+2)^2=25$를 x축의 방향으로 a만큼, y축의 방향으로 b만큼 평행이동한 원의 방정식은

$(x-a-4)^2+(y-b+2)^2=25$　　　…… ㉠

원 ㉠의 중심이 원점이므로

$a+4=0$, $b-2=0$

따라서 $a=-4$, $b=2$이므로

$a^2+b^2=20$　　　　　　　　　　　　답 20

유형 3

점 $(a, 2)$를 x축에 대하여 대칭이동한 점의 좌표는 $(a, -2)$

점 $(a, -2)$를 원점에 대하여 대칭이동한 점의 좌표는 $(-a, 2)$

이 점이 점 $(10, b)$이므로 $a=-10$, $b=2$

$\therefore a+b=-8$　　　　　　　　　　답 ③

3-1

점 $(5, a)$를 y축에 대하여 대칭이동한 점의 좌표는 $(-5, a)$

점 $(-5, a)$를 원점에 대하여 대칭이동한 점의 좌표는 $(5, -a)$

이 점이 점 $(b, -7)$이므로 $a=7$, $b=5$

$\therefore a-b=2$　　　　　　　　　　　답 2

3-2

점 $(-2, 4)$를 원점에 대하여 대칭이동한 점은 $A(2, -4)$이고, 직선 $y=x$에 대하여 대칭이동한 점은 $B(4, -2)$이다.

따라서 두 점 A, B 사이의 거리는

$\overline{AB}=\sqrt{(4-2)^2+\{-2-(-4)\}^2}=2\sqrt{2}$　답 ③

유형 4

직선 $4x-3y+7=0$을 x축에 대하여 대칭이동한 직선의 방정식은

$4x-3(-y)+7=0$

$\therefore 4x+3y+7=0$　　　　　　　　…… ㉠

직선 ㉠을 원점에 대하여 대칭이동한 직선의 방정식은

$4(-x)+3(-y)+7=0$

$\therefore 4x+3y-7=0$　　　　　　　　…… ㉡

직선 ㉡이 점 $(1, a)$를 지나므로

$4+3a-7=0$　　$\therefore a=1$　　　　답 ①

직선 $6x-5y+3=0$을 y축에 대하여 대칭이동한 직선의 방정식은

$6(-x)-5y+3=0$

$\therefore 6x+5y-3=0$ …… ㉠

직선 ㉠을 원점에 대하여 대칭이동한 직선의 방정식은

$6(-x)+5(-y)-3=0$

$\therefore 6x+5y+3=0$ …… ㉡

직선 ㉡이 점 $(a, 3)$을 지나므로

$6a+15+3=0$ $\therefore a=-3$ **답** -3

4-2

직선 $5x-4y-3=0$을 직선 $y=x$에 대하여 대칭이동한 직선의 방정식은

$5y-4x-3=0$

$\therefore 4x-5y+3=0$ …… ㉠

직선 ㉠이 점 $(3, a)$를 지나므로

$12-5a+3=0$ $\therefore a=3$ **답** 3

유형 5

두 점 $(a, 7)$, $(-7, b)$를 이은 선분의 중점의 좌표가 $(1, 2)$이므로

$\dfrac{a-7}{2}=1,\ \dfrac{7+b}{2}=2$

$\therefore a=9,\ b=-3$

$\therefore a+b=6$ **답** ②

5-1

두 점 $(3, a)$, $(-1, 5)$를 이은 선분의 중점의 좌표가 $(b, 1)$이므로

$\dfrac{3-1}{2}=b,\ \dfrac{a+5}{2}=1$

$\therefore a=-3,\ b=1$

$\therefore ab=-3$ **답** -3

5-2

포물선 $y=x^2-2x+5=(x-1)^2+4$의 꼭짓점의 좌표는 $(1, 4)$

포물선 $y=-x^2+4x-7=-(x-2)^2-3$의 꼭짓점의 좌표는 $(2, -3)$

두 포물선이 점 (a, b)에 대하여 대칭이므로 두 포물선의 꼭짓점도 점 (a, b)에 대하여 대칭이다.

따라서 두 꼭짓점을 이은 선분의 중점의 좌표가 (a, b)이므로

$\dfrac{1+2}{2}=a,\ \dfrac{4-3}{2}=b$

따라서 $a=\dfrac{3}{2},\ b=\dfrac{1}{2}$이므로 $b-a=-1$ **답** -1

유형 6

두 점 $(2, 1)$, $(-6, 13)$을 이은 선분의 중점의 좌표는

$\left(\dfrac{2-6}{2},\ \dfrac{1+13}{2}\right)$, 즉 $(-2, 7)$

이 점이 직선 $y=ax+b$ 위의 점이므로

$7=-2a+b$ …… ㉠

또 두 점 $(2, 1)$, $(-6, 13)$을 지나는 직선이 직선 $y=ax+b$와 수직이므로

$\dfrac{13-1}{-6-2}\cdot a=-1$ $\therefore a=\dfrac{2}{3}$

$a=\dfrac{2}{3}$를 ㉠에 대입하면 $b=\dfrac{25}{3}$

$\therefore a+b=9$ **답** ④

6-1

두 점 $(-4, 3)$, $(-1, 4)$를 이은 선분의 중점의 좌표는

$\left(\dfrac{-4-1}{2},\ \dfrac{3+4}{2}\right)$, 즉 $\left(-\dfrac{5}{2},\ \dfrac{7}{2}\right)$

이 점이 직선 $y=ax+b$ 위의 점이므로

$\dfrac{7}{2}=-\dfrac{5}{2}a+b$ …… ㉠

또 두 점 $(-4, 3)$, $(-1, 4)$를 지나는 직선이 직선 $y=ax+b$와 수직이므로

$\dfrac{4-3}{-1-(-4)}\cdot a=-1$ $\therefore a=-3$

$a=-3$을 ㉠에 대입하면 $b=-4$

$\therefore ab=12$ **답** 12

6-2

원 $(x-3)^2+y^2=1$의 중심 $(3, 0)$을 직선 $y=x-1$에 대하여 대칭이동한 점의 좌표를 (a, b)라 하면 두 점 $(3, 0)$, (a, b)를 이은 선분의 중점의 좌표는

$\left(\dfrac{3+a}{2},\ \dfrac{b}{2}\right)$

이 점이 직선 $y=x-1$ 위의 점이므로

$\dfrac{b}{2}=\dfrac{3+a}{2}-1$ $\therefore a-b=-1$ …… ㉠

또 두 점 $(3, 0)$, (a, b)를 지나는 직선이 직선 $y=x-1$과 수직이므로

$\dfrac{b}{a-3}\cdot 1=-1$ $\therefore a+b=3$ …… ㉡

㉠, ㉡을 연립하여 풀면 $a=1,\ b=2$

원을 대칭이동해도 반지름의 길이는 변하지 않으므로 구하는 도형의 방정식은 중심이 $(1, 2)$이고 반지름의 길이가 1인 원의 방정식이다.

$\therefore (x-1)^2+(y-2)^2=1$ **답** $(x-1)^2+(y-2)^2=1$

▶ 본문 78~79쪽

01 -12	**02** ③	**03** 13	**04** $\dfrac{5}{2}$	**05** 12
06 34	**07** B$'(5, 2)$	**08** 29	**09** -5	**10** 1
11 1	**12** $x^2+(y-3)^2=1$		**13** -21	
14 $(x-1)^2+(y-1)^2=9$			**15** $\dfrac{12}{5}$ km	

01

점 P$(5, -7)$을 x축의 방향으로 -2만큼, y축의 방향으로 3만큼 평행이동한 점은

P$'(5-2, -7+3)$, 즉 P$'(3, -4)$

따라서 $a=3$, $b=-4$이므로

$ab=-12$

답 -12

02

점 $(5, 6)$을 x축의 방향으로 p만큼, y축의 방향으로 q만큼 평행이동한 점의 좌표를 $(2, 10)$이라 하면

$5+p=2$, $6+q=10$

$\therefore p=-3$, $q=4$

따라서 원점을 x축의 방향으로 -3만큼, y축의 방향으로 4만큼 평행이동한 점의 좌표는 $(-3, 4)$이므로

$a=-3$, $b=4$

$\therefore a+b=1$

답 ③

03

직선 $y=2x+k$를 x축의 방향으로 3만큼, y축의 방향으로 -2만큼 평행이동한 직선의 방정식은

$y-(-2)=2(x-3)+k$

$\therefore y=2x+k-8$

이 직선이 직선 $y=2x+5$와 일치하므로

$k-8=5$ $\quad \therefore k=13$

답 13

04

직선 $y=4x-5$를 x축의 방향으로 a만큼, y축의 방향으로 $2a$만큼 평행이동한 직선의 방정식은

$y-2a=4(x-a)-5$

$\therefore y=4x-2a-5$

이 직선이 직선 $y=4x-10$과 일치하므로

$-2a-5=-10$

$\therefore a=\dfrac{5}{2}$

답 $\dfrac{5}{2}$

05

직선 $2x-3y+6=0$을 x축의 방향으로 3만큼, y축의 방향으로 4만큼 평행이동한 직선의 방정식은

$2(x-3)-3(y-4)+6=0$

$\therefore 2x-3y+12=0$

이 직선의 x절편은 -6, y절편은 4이므로 이 직선과 x축, y축으로 둘러싸인 도형의 넓이는

$\dfrac{1}{2}\cdot 6\cdot 4=12$

답 12

06

원 $(x-a)^2+(y-b)^2=4$를 x축의 방향으로 b만큼, y축의 방향으로 $-a$만큼 평행이동한 원의 방정식은

$(x-b-a)^2+(y+a-b)^2=4$ $\qquad\cdots\cdots$ ㉠

원 ㉠이 원 $(x-2)^2+(y+8)^2=4$와 일치하므로

$a+b=2$, $a-b=8$

따라서 $a=5$, $b=-3$이므로

$a^2+b^2=34$

답 34

07

점 A$(-5, 0)$이 점 A$'(0, 3)$으로 평행이동하였으므로 △A$'$B$'$O$'$은 △ABO를 x축의 방향으로 5만큼, y축의 방향으로 3만큼 평행이동한 것이다.

따라서 점 B$'$의 좌표는 $(0+5, -1+3)$, 즉 $(5, 2)$이다.

답 B$'(5, 2)$

08

점 (a, b)를 x축에 대하여 대칭이동한 점의 좌표는

$(a, -b)$

점 $(a, -b)$를 원점에 대하여 대칭이동한 점의 좌표는

$(-a, b)$

이 점이 점 $(2b-1, -a+3)$이므로

$-a=2b-1$, $b=-a+3$

두 식을 연립하여 풀면 $a=5$, $b=-2$

$\therefore a^2+b^2=29$

답 29

09

점 $(1, 2)$를 x축에 대하여 대칭이동한 점은 A$(1, -2)$

직선 $y=x$에 대하여 대칭이동한 점은 B$(2, 1)$

두 점 A, B를 지나는 직선의 방정식은

$y-1=\dfrac{-2-1}{1-2}(x-2)$ $\quad \therefore y=3x-5$

따라서 직선 $y=3x-5$의 y절편은 -5이다.

답 -5

10

직선 $ax-y-2=0$을 원점에 대하여 대칭이동한 직선의 방정식은

$-ax+y-2=0$

이 직선을 y축에 대하여 대칭이동한 직선의 방정식은

$ax+y-2=0$

이 직선이 점 $(-3, 5)$를 지나므로

$-3a+5-2=0$ $\quad \therefore a=1$

답 1

11

두 점 $(3, 4)$, $(-1, b)$를 이은 선분의 중점의 좌표가 $(a, 2)$
이므로

$$\frac{3-1}{2}=a, \quad \frac{4+b}{2}=2$$

$\therefore a=1, b=0$

$\therefore a+b=1$

답 1

12

원 $(x-2)^2+(y-1)^2=1$의 중심 $(2, 1)$을 점 $(1, 2)$에 대하
여 대칭이동한 점의 좌표를 (a, b)라 하면

$$\frac{2+a}{2}=1, \quad \frac{1+b}{2}=2$$

$\therefore a=0, b=3$

원을 대칭이동해도 반지름의 길이는 변하지 않으므로 대칭이동
한 원의 중심은 $(0, 3)$이고 반지름의 길이는 1이다.

따라서 구하는 원의 방정식은

$x^2+(y-3)^2=1$

답 $x^2+(y-3)^2=1$

13

두 점 $(5, 2)$, $(-1, 0)$을 이은 선분의 중점의 좌표는

$\left(\dfrac{5-1}{2}, \dfrac{2+0}{2}\right)$, 즉 $(2, 1)$

이 점이 직선 $y=ax+b$ 위의 점이므로

$1=2a+b$ …… ㉠

또 두 점 $(5, 2)$, $(-1, 0)$을 지나는 직선이 직선 $y=ax+b$와
수직이므로

$$\frac{0-2}{-1-5}\cdot a=-1 \quad \therefore a=-3$$

$a=-3$을 ㉠에 대입하면 $b=7$

$\therefore ab=-21$

답 -21

14

원 $x^2+y^2=9$의 중심 $(0, 0)$을 직선 $y=-x+1$에 대하여 대
칭이동한 점의 좌표를 (a, b)라 하면 두 점 $(0, 0)$, (a, b)를
이은 선분의 중점의 좌표는

$\left(\dfrac{a}{2}, \dfrac{b}{2}\right)$

이 점이 직선 $y=-x+1$ 위의 점이므로

$\dfrac{b}{2}=-\dfrac{a}{2}+1 \quad \therefore a+b=2$ …… ㉠

또 두 점 $(0, 0)$, (a, b)를 지나는 직선이 직선 $y=-x+1$과
수직이므로

$\dfrac{b}{a}\cdot(-1)=-1 \quad \therefore a=b$ …… ㉡

㉠, ㉡을 연립하여 풀면 $a=1$, $b=1$

원을 대칭이동해도 반지름의 길이는 변하지 않으므로 대칭이동
한 원의 중심은 $(1, 1)$이고 반지름의 길이는 3이다.

$\therefore (x-1)^2+(y-1)^2=9$ 답 $(x-1)^2+(y-1)^2=9$

15

좌표평면에서 직선 AB를 x축, 점 A
를 원점에 놓으면

$C(0, 4)$, $D(3, 1)$

점 D를 x축에 대하여 대칭이동한 점
을 D'이라 하면

$D'(3, -1)$

$\overline{EC}+\overline{ED}=\overline{EC}+\overline{ED'}\geq\overline{CD'}$이므로 구하는 점 E는 직선
CD'이 x축과 만나는 점이다.

이때 두 점 C, D'을 지나는 직선의 방정식은

$y-(-1)=\dfrac{-1-4}{3-0}(x-3)$, 즉 $y=-\dfrac{5}{3}x+4$이므로 점 E의

좌표는 $\left(\dfrac{12}{5}, 0\right)$이다.

따라서 지하철역의 위치는 A지점에서 B지점의 방향으로

$\dfrac{12}{5}$ km 떨어진 곳이다. 답 $\dfrac{12}{5}$ km

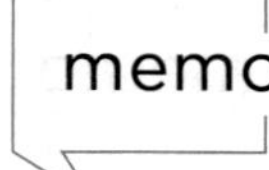

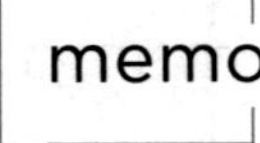

9교시

개념원리
공식 인강

교재 속 모르는 문제?
단 하나도 용납할 수 없다!

원리패스

무/제/한 인강에서 해결하세요

원/리/패/스 란?   교재를 추가할수록 저렴해지는 신개념 패스

1
강의 하나
가격으로

2
ALL
개념원리
모든 강의를

3
∞
학년 제한 없이
무제한으로 수강

이번에는 무슨 혜택을 받을 수 있을까?

개념원리의
모든 것

+

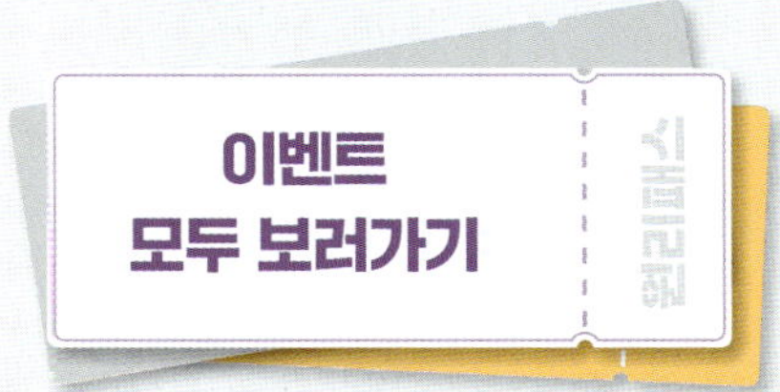
이벤트
모두 보러가기

imath.tv
바로가기

www.imath.tv